ND # A AVENTURA DO ESTILO

A AVENTURA DO ESTILO

H.J.
R.L.S.

ENSAIOS E CORRESPONDÊNCIA DE
HENRY JAMES
R.L. STEVENSON

ORGANIZAÇÃO E TRADUÇÃO
MARINA BEDRAN

Rocco

Copyright © Marina Bedran, 2017

Coleção
MARGINÁLIA

Nenhuma parte desta obra pode ser reproduzida ou transmitida por qualquer forma ou meio eletrônico ou mecânico, inclusive fotocópia, gravação ou sistema de armazenagem e recuperação de informação, sem a permissão escrita do editor.

Direitos para a língua portuguesa reservados
com exclusividade para o Brasil à
EDITORA ROCCO LTDA.
Av. Presidente Wilson, 231 – 8º andar
20030-021 – Rio de Janeiro – RJ
Tel.: (21) 3525-2000 – Fax: (21) 3525-2001
rocco@rocco.com.br
www.rocco.com.br

Printed in Brazil/Impresso no Brasil

Preparação de originais
PEDRO KARP VASQUEZ

CIP-Brasil. Catalogação na fonte.
Sindicato Nacional dos Editores de Livros, RJ.

A969	A aventura do estilo: ensaios e correspondência de Henry James e Robert Louis Stevenson / organização de Marina Bedran; [curadoria Miguel Conde]. – 1ª ed. – Rio de Janeiro: Rocco, 2017. (Marginália) ISBN: 978-85-325-3053-0 (brochura) ISBN: 978-85-8122-679-8 (e-book) 1. James, Henry, 1843-1916 – Correspondências. 2. Stevenson, Robert Louis, 1850-1894 – Correspondências. 3. Literatura europeia – Séc. XX – História e crítica. 4. Literatura europeia – Séc. XIX – História e crítica. I. Bedran, Marina. II. Série.
17-39409	CDD–809 CDU–82-09

O texto deste livro obedece às normas do
Acordo Ortográfico da Língua Portuguesa.

SUMÁRIO

Ação, escolha, comparação:
Notas sobre a correspondência entre Henry James e
Robert Louis Stevenson *por Marina Bedran* 7

A arte da ficção *por Henry James* 27

Um humilde protesto *por Robert Louis Stevenson* 55

Correspondência entre James e Stevenson 69

Robert Louis Stevenson *por Henry James* 211

As cartas de Robert Louis Stevenson *por Henry James* 245

AÇÃO, ESCOLHA, COMPARAÇÃO: NOTAS SOBRE A CORRESPONDÊNCIA ENTRE HENRY JAMES E ROBERT LOUIS STEVENSON

Marina Bedran

Pode soar um pouco estranho hoje aproximar Henry James (Nova York, 1843 – Londres, 1916) e Robert Louis Stevenson (Edimburgo, 1850 – Samoa, 1894). James foi um cronista da vida da alta-sociedade vitoriana, das conversas de salão e do mundo do decoro – que frequentava –, e ficou conhecido por tramas que tratavam da "questão internacional", ou seja, do confronto entre europeus e americanos. Tendo deixado sua América natal para residir em Londres, foi criticado nos dois lados do Atlântico, acusado nos Estados Unidos de bajular os ingleses e na Europa de não entender a tradição milenar.* Sua escrita refinada, por vezes rebuscada, sobretudo em sua fase

---

* Há uma resenha publicada no jornal *The Guardian*, em 23 de fevereiro de 1887, sobre o livro *The Princess Casamassima*, portanto logo após sua publicação, que ilustra bem a reserva inicial dos ingleses em relação a James. Disponível em: <http://www.guardian.co.uk/books/2003/jun/28/fromthearchives.henryjames>.

final, assim como sua preocupação com o estilo, gerou alguma incompreensão crítica e se traduziu em parcas vendas durante sua vida. James dedicou muitos de seus textos ensaísticos e prefácios à elaboração de uma teoria da ficção que acabou por se tornar um paradigma dos estudos literários do século 20. Hoje um nome incontestável da "grande tradição"* da prosa inglesa, suas experimentações com o ponto de vista foram estudadas com atenção pelos escritores modernos, que o viam como um mestre.

Stevenson veio de uma longa linhagem de engenheiros construtores de faróis, mas renunciou à tradição familiar e resolveu se dedicar às letras. De saúde frágil desde a infância, foi um boêmio algo exótico durante toda a década de 1870, ao cabo da qual se casou com Fanny Osbourne, dez anos mais velha do que ele e "morena demais" para a sensibilidade de seu meio europeu. Juntos, os dois se lançaram a uma vida de aventuras no Pacífico Sul. Stevenson sempre foi um escritor popular e conseguiu ter sucesso comercial com os hoje clássicos *Ilha do tesouro* e *O estranho caso do Dr. Jekyll e do Sr. Hyde*, mas sua extensa produção, que incluía também ensaios e poesias, acabou obnubilada pela lenda pessoal, que foi sendo construída ao longo de sua vida, mas que ganhou proporções romanescas com sua morte prematura. Sua fortuna crítica variou muito desde então: se escritores como Jorge Luis Borges, G. K. Chesterton ou Ítalo Calvino, por exemplo, não apenas o elogiaram, mas viram em seus relatos um material digno de estudo sério, outros questionaram seu lugar no cânone da prosa em língua inglesa, como é o caso do crítico F. R. Leavis – que, aliás, teve papel

---

* Cf. *The Great Tradition*, de F. R. Leavis, uma referência nos estudos do romance em língua inglesa.

significativo na promoção de James a um dos expoentes do romance moderno sério –, Harold Bloom e William Gass, para citar apenas três. No juízo mais comum, Stevenson acabou restrito (injustamente) à prateleira dos livros infantojuvenis.

Janet Adam Smith, a primeira a reunir a correspondência aparentemente improvável de James e Stevenson, sintetizou a disparidade que caracterizava a visão mais comum sobre os autores na década de 1940 e, quiçá, ainda hoje: "Nas casas em que os romances de James formam uma longa fila no escritório, quase todos os de Stevenson estão no quarto das crianças ou na sala de aula, ao lado de *The Three Midhipmen* e *A ilha de coral*; naquelas em que Stevenson é o principal ornamento literário, na dignidade uniforme da edição Swanston ou da Skerryvore ou da Tusitala, provavelmente não haverá um livro sequer de James."*

A impressão inicial que um teve do outro reforçava essa distância – após um primeiro encontro em Londres, em 1879, James diria que Stevenson lhe parecera um "boêmio de camisa sem colarinho e um belo de um *poseur* (de um modo inofensivo)".** Stevenson, por sua vez, viu em James "um mero habitué de clubes [...] de forma alguma um homem corajoso e afeito às atividades ao ar-livre", e, se estimou desde o início a precisão da escrita jamesiana, se irritava um pouco com seus preciosismos, e achou *Washington Square* desagradável.***

---

* SMITH, Janet Adam. *Henry James and Robert Louis Stevenson: A Record of Friendship and Criticism*. Londres: R. Hart-Davis, 1948, p. 9.
** HARMAN, Claire. *Robert Louis Stevenson: A Biography*. Londres: HarperCollins Publishers, 2005, p. 278.
*** *The Letters of Robert Louis Stevenson*. 7 vols., editados por Bradford A. Booth e Ernest Mehew. New Haven e Londres: Yale University Press, 1995, vol. III, p. 159.

As cartas reunidas aqui revelam, no entanto, um interesse compartilhado pelo ofício de escrever e pela reflexão refinada sobre a literatura que os aproxima a princípio intelectualmente, e vai pouco a pouco se desdobrando numa correspondência íntima, que duraria até a morte de Stevenson. Os dois começaram a se frequentar em 1885, em Bournemouth, uma estação de tratamento no sul da Inglaterra, onde Stevenson morou durante um tempo, e para onde James levava eventualmente a irmã Alice para tratar da saúde. Nos dois anos seguintes, viram-se com alguma frequência, ora em Bournemouth, ora em Londres. Em 1887, Stevenson foi com a família (que incluía Fanny, o enteado Lloyd e sua mãe) para os Estados Unidos, de onde partiu, um ano depois, para o Pacífico Sul, em busca de climas mais amenos. Eles alugaram um iate – o *Casco* – para a viagem, que deveria durar mais um ano e repetiria o itinerário dos romances *Typee* e *Omoo*, de Herman Melville, outro escritor a se aventurar pela região: as Ilhas Marquesas, o Taiti e o Havaí. Depois de perambular por diversas ilhas, o escritor acabou por se fixar em Samoa, e não voltou mais à Europa. James, por sua vez, se estabeleceu no Velho Continente. Os encontros entre eles findaram ali, mas o debate nunca cessou. As cartas que não foram parar no fundo do mar – como aconteceu com muitas das missivas – são, além de uma ode à amizade, o registro de uma discussão poética das mais singulares, que toca em questões centrais da literatura à época, sobretudo no que diz respeito aos modos de entender o realismo e a natureza da ficção.

★

A correspondência começou nas páginas da revista inglesa *Longman's*, em setembro de 1884, quando James publicou seu hoje famoso ensaio "A arte da ficção", pegando carona na repercussão que o debate iniciado um pouco antes pelo escritor Walter Besant, tão polêmico quanto era popular, gerara. Em seu texto, James protestava contra o fato de que "o romance inglês não parecia ter uma teoria, uma convicção, uma consciência de si por detrás"; não era o que os franceses chamam de *discutable*. A referência não é gratuita: James vivera em Paris entre 1875 e 1876, onde testemunhou as experimentações formais que Flaubert, Zola, Maupassant e Daudet estavam fazendo, assim como suas sofisticadas discussões sobre a arte da ficção, que ele queria importar para o universo de língua inglesa. Se os ingleses podiam contar com autores da monta de Dickens e Thackeray (o exemplo é de James), ainda assim, segundo ele, eram *naïfs*.

Se foi na Inglaterra do século 18 que o romance, por diversos motivos, encontrou as condições históricas e sociais para sua formação e afirmação como o grande gênero da modernidade, foi também ali que ele se deparou com mais censura. Nessa mesma época, começaram a aparecer as primeiras tentativas de entender e definir o novo gênero, que se tornava cada vez mais popular. A máxima horaciana – agradar e instruir – fornecia uma boa desculpa para se fazer e ler romances, mas impunha um problema de outra ordem: como atender ao mesmo tempo aos requisitos da *vraisemblance* [verossimilhança] e da *bienséance* [decoro] herdados da tradição francesa? A discussão sobre como adequar a representação da realidade – que constituía o traço essencial e o princípio formal do novo gênero – ao conteúdo moral, edificante e exemplar dos romances ocupou inúmeros escritores do período.* No século 19, os ingleses ainda estavam se havendo com as mesmas questões, e o que James visava era liberar o romance de suas funções pedagógica e de entretenimento. O principal objetivo de um romance, para ele, era competir com a vida, transmitir um ar de realidade, o mesmo da pintura, que deveria ser considerada uma arte análoga. Seu esforço, assim, era no sentido de afirmar o romance como arte e lançar os fundamentos para que fosse discutido em seus próprios termos.

Besant não era exatamente a pessoa que James esperava para iniciar um debate tão necessário para a saúde de seu ofício – era um escritor sentimental, ingênuo. Mark Twain, que era seu amigo, recusara-se a resenhar seu tratado para escritores *The Pen and the Book* (1898) porque, segundo ele, não havia sequer uma página racional nele, e apenas um inimigo jurado experimentaria suas baboseiras.** Mas, sua "Arte da ficção",*** ainda que moralista, prescritiva – o que incomodava James sobremaneira – e repleta de platitudes, reivindicava que o romance fosse tratado como a pintura, a escultura, a música e a poesia, e que o escritor fosse considerado um artista. Neste ponto, James não poderia concordar mais com ele, e se aproveitou do burburinho gerado pelo colega, de quem também tomou emprestado o título, para colocar em pauta suas próprias ideias.

---

* VASCONCELOS, Sandra Guardini Teixeira. *Dez lições sobre o romance*. São Paulo: Boitempo Editorial, 2002, p. 47

** SPILKA, Mark. "Henry James and Walter Besant: 'The Art of Fiction Controversy'". In: *Novel: A Forum on Fiction*, vol. 6, nº 2 (1973), p. 101-119. Duke University Press, p. 102.

*** A palestra aconteceu na Royal Institution, em Londres, no dia 24 de abril de 1884. Em maio, a editora Chatto e Windus publicou a fala de Besant acrescida de suas notas.

Em dezembro daquele ano, Stevenson publicou na mesma *Longman's* um "humilde protesto", que implodia o argumento central de James: "Nenhuma arte, para usar a ousada frase do Sr. James, pode competir com a vida com sucesso, e a arte que faz isso está condenada a perecer *montibus aviis*." Em sua réplica, Stevenson defendia a diferença incomensurável entre arte e vida, e insistia no caráter artificial da literatura. A vida, ele escreveu, "é monstruosa, infinita, ilógica, abrupta e pungente; uma obra de arte, em comparação, é pura, finita, autossuficiente, racional, fluida e emasculada." Assim que leu o ensaio, James escreveu a primeira de suas cartas endereçadas a Stevenson, felicitando-o pela perspicácia e pelo brilhantismo; se não queria pelejar, disse, era por que os dois pareciam "mais concordar que discordar". Suas páginas na *Longman's*, segundo ele, "eram simplesmente um apelo à liberdade: eram apenas metade do que eu tinha a dizer, e algum dia tentarei expressar o restante". Stevenson lhe respondeu insistindo no debate. Estava ansioso pela tréplica de James, e reclamava do pouco espaço que lhe fora dado na *Longman's*,* pois ele próprio queria escrever mais a respeito. Mas, para sua decepção, não veio outro artigo, ainda que a discussão teórica tenha seguido nas cartas e conversas. O "restante" prometido, a outra metade do que James tinha a dizer, só foi aparecer impresso no início do século 20, com os prefácios que redigiu para a edição nova-iorquina de sua obra completa, muitos anos após a morte de Stevenson, e guardando ecos da conversação. Assim, a primeira discussão sobre o romance moderno em língua inglesa nasceu deste encontro inesperado.

---

* HARMAN, 2005, p. 280.

*

Essa correspondência é palco de um embate entre o realismo e o maravilhoso numa época de afirmação do romance realista. Stevenson, na contracorrente do período, assume o papel de defensor do *romance** e de outras formas arcaizantes. Queria ser um escritor "épiko com k",** convencer a "sábia juventude" de então a respeito das maravilhas das histórias romanescas de outrora.*** Foi, acima de tudo, um defensor da aventura. A James, logo na primeira carta, ele suplica:

> É claro que não sou estúpido a ponto de lhe pedir que deixe seu caminho; mas será que o senhor não poderia, num romance, para agradar um admirador sincero, e para enriquecer suas prateleiras com um volume amado, será que o senhor não poderia, será que o senhor não gostaria de confeccionar seus personagens num molde um pouco mais abstrato e convencional (a cara Sra. Pennyman já tinha, dentre seus outros trabalhos, um sabor disso que eu quero dizer), dar às peripécias um tom, não diria mais forte, mas um pouco mais enfático – como num episódio de um dos

---

* Na língua inglesa, há uma distinção tradicional entre *novel* e *romance*. *Romance* designava um tipo de narrativa associada ao maravilhoso, ao inverossímil e ao mundo aristocrático e idealizado, vinda da tradição francesa, muito popular no século 17. Já *novel* é o termo que passou a ser usado na Inglaterra a partir do século 18 para designar o romance moderno, gênero que surgia ali, cujo compromisso era com a representação da realidade. Em português, costuma-se traduzir *novel* por romance, e *romance* por romanesco.
** Cf. carta 53.
*** Cf. o poeminha de Stevenson que abre *A ilha do tesouro*, um gracejo dirigido ao "comprador hesitante" do livro.

velhos romances de aventura? Temo que não; e suponho que devo, com um suspiro, admitir que o senhor tem razão. E, porém, quando entrevejo, por exemplo, um livro de Tom Jones trabalhado com sua maravilhosa precisão e repleto daquelas reflexões oblíquas nas quais o senhor é mestre, é com pesar que renuncio a essa visão tão grata. Pense nisso.

Neste trechinho, o conflito está esboçado. De um lado, o realismo e sua "maravilhosa precisão", a densidade psicológica e as reflexões oblíquas. De outro, a narrativa de aventuras, os estereótipos, o romanesco. Mas, como se vê em suas cartas e, principalmente, em seus ensaios, a postura de Stevenson, longe de ser ingênua, está ancorada numa elaborada, ainda que assistemática, teoria da composição do romance, que se encontra sobretudo nos textos que escreveu no começo da década de 1880. Além de "Um humilde protesto", de 1884, os ensaios "The Morality of the Profession of Letters" (1881), "A Gossip on Romance" (1882), "A Note on Realism" (1883) e "On Some Technical Elements in Style" (1885) resumem sua visão sobre a ficção, cujo cerne é o apelo à imaginação.* Para ele, são sobretudo as imagens e os incidentes que têm o poder de arrebatar o leitor, e o aspecto plástico da literatura e a narrativa de aventuras figuram como os sustentáculos da prosa. Cabe

---

* Sobre o processo que levou Stevenson a conceber sua teoria da ficção, ver a introdução de Michel Le Bris ao volume *Une amitié littéraire: Henry James – Robert Louis Stevenson*. Paris: Éditions Payot & Rivages, 1994. O prefácio de Davi Arrigucci Jr. ao volume *O Clube do Suicídio e Outras Histórias* (São Paulo: Cosac-Naify, 2011) ilumina os enlaces entre sua técnica narrativa e suas ideias sobre a ficção.

ressaltar que, para Stevenson, a aventura não é apenas matéria do romance, mas sua forma. (Por isso barganhava com James peripécias narradas em tom mais enfático.)

É desta perspectiva que Stevenson encara – e ataca! – o realismo em suas cartas, de passagem, e mais sistematicamente em seus ensaios. Sua principal crítica aos realistas era que, em suas obras, havia certo desdém pelas aventuras e pelos incidentes e, por sua vez, uma admiração "pelo tilintar das colherinhas de chá e pela inflexão dos curas". Eles supunham que fosse "inteligente escrever um romance sem nenhuma história, ou ao menos com uma que fosse muito maçante".* Ademais, para ele, o realismo não tinha a ver com a busca da verdade, mas sim com a escolha de uma técnica literária em voga.**

A oposição ferrenha de Stevenson ao realismo é, no entanto, posta em xeque pela própria obra. No ensaio que escreveu em 1887 sobre ele, James notou como em seus "livros para meninos" há, além do registro de "acasos bizarros", um estudo dos sentimentos juvenis; "ele os julga, mede, os vê desde fora, ao mesmo tempo em que os entretêm". Em *Ilha do tesouro*, por exemplo, os personagens não são "marionetes de rostos vagos", como costuma ser o caso em relatos romanescos. Há uma "mistura indescritível do prodigioso e do humano, de coincidências surpreendentes e sentimentos familiares" que, dentre outras coisas, faz com que ele seja capaz de inserir em fábulas "dignas de Alexandre Dumas" uma "fineza de textura com a qual Dumas nunca teve nada a ver". É, portanto, a ver-

---

* STEVENSON, Robert Louis. "A Gossip on Romance". Disponível em: <http://ebooks.adelaide.edu.au/s/stevenson/robert_louis/>

** STEVENSON, Robert Louis. "A Note on Realism". Disponível em: <http://ebooks.adelaide.edu.au/s/stevenson/robert_louis/>

dade psicológica e a fineza de observação que dão à obra de Stevenson uma nuance que escapa aos que se apressam em lhe roubar toda a seriedade.

A relação de James com a tradição realista também era ambígua e complexa, e se transformou ao longo do tempo. Ainda que tenha feito diversas experimentações que o tornaram de certa forma precursor da modernidade literária, jamais abandonou a crença na capacidade que o romance tem de representar a vida.* O período em que se dá esta correspondência coincide com a intensificação do projeto realista** e com sua investida naturalista. *The Princess Casamassima*, que Stevenson comenta com admiração em suas cartas à medida que os capítulos aparecem nos folhetins, é uma tentativa assumida de emular Zola. O romance aborda a penúria da classe operária numa época em que o marxismo britânico estava tomando forma, e o Partido Trabalhista e a Fabian Society estavam sendo fundados. James se interessou profundamente pelos acontecimentos e pelas tensões em Londres, e queria entender as relações de poder que animavam os grupos revolucionários. Para dar seu testemunho da época, foi a campo tomar notas. Para redigir a sequência da prisão no início de *Princess*, ele fez uma visita a Millbank Prison. Quando saiu de lá, escreveu: "Passei a manhã toda na Milbank Prison (lugar horrível) tomando notas para uma cena ficcional. Veja, sou o próprio Naturalista. Espere por isso daqui a um ano".***

---

* Cf. BROOKS, Peter. *Realist Vision*. New Haven: Yale University Press, 2005.
** Cf. carta 38.
*** Carta a T.S. Perry citada em EDEL, Leon. *Henry James – A Life*. Londres: Flamingo, 1996, p. 315.

Porém, assim como Stevenson, James tinha críticas a Zola. No material reunido aqui, ele deixa transparecer um certo enfado com a cartilha do francês, ao passo que Stevenson é mais enfático em suas críticas, o que só faz o elogio desmedido a *Princess*, um de seus livros preferidos de James, soar ainda mais curioso. É verdade que, mesmo tratando de um tema caro aos naturalistas, o livro é trabalhado numa chave inconfundivelmente jamesiana. O protagonista, um jovem encadernador de livros que ambiciona ser escritor, é filho bastardo de um aristocrata inglês com uma costureira francesa, e encarna um pouco dos dois mundos retratados no livro, e também a dinâmica de poder que o rege – sua mãe, que fora seduzida e vilipendiada por seu pai e o mata por vingança. Criado num lar pobre do subúrbio londrino, Hyacinth se alia à causa revolucionária, e acaba sendo adotado pela princesa Christina, que se envolve com a luta mais por tédio que por convicção. E assim o mundo da aristocracia se descortina para ele, de modo que o enredo se passa entre o submundo de Londres e os salões. O leitor acompanha a história por meio de Hyacinth, e pode-se dizer que o principal tema do romance é o efeito que as tensões de classe e as ações revolucionárias têm em sua mente sensível. É este modo de perceber que se torna a marca registrada do realismo de James. Quando chega a hora de agir – a cúpula do movimento designa a Hyacinth a tarefa de assassinar um duque –, ele é incapaz, pois se dá conta de que o mundo que os revolucionários querem destruir, ele quer preservar. A única solução que encontra é usar a arma destinada para o assassinato contra si mesmo, e o livro acaba com seu suicídio, num estilo que revela também a dívida que James tem com o melodrama.

A visão clássica sobre James quer crer que os atos de seus personagens estão imbuídos de significados do mundo do decoro e dos costumes, mas o crítico Peter Brooks sugere que isto é apenas o ponto inicial de uma imensa rede de conotações. Por trás da aparência realista, há elementos que impedem que o restrinjamos a essa estética, e a chave para decifrar sua obra seria o melodrama.* Outro livro chave para entender o realismo de James e como ele é tingido do elemento melodramático é *Retrato de uma senhora* (duramente criticado por Stevenson em uma das cartas). No prefácio, ele afirma que o clímax do romance se dá pouco após a metade do livro, quando a protagonista Isabel Archer reflete sobre sua condição: "É apenas a representação do que ela *vê*, sem se mexer, e uma tentativa assim mesmo de fazer que a mera lucidez imóvel de seu ato seja tão 'interessante' quanto a surpresa de uma caravana ou a identificação de um pirata". O comentário sobre a vigília de Isabel mostra, como notou Brooks, que, se James faz troça dos termos das histórias de aventuras, eles constituem, num certo sentido, seus termos de referência para medir o grau de interesse numa história. Tudo muito natural em quem se proclamava herdeiro de Balzac, que fez seu aprendizado com o romance *noir* e gótico, o melodrama e as histórias de aventura, modos de narrar que apostam que a realidade pode ser tão excitante quanto as demandas da imaginação.

Nas cartas, o diálogo assume um caráter íntimo e menos definitivo, no sentido de que eles se permitem confissões,

---

* Cf. BROOKS, Peter. *The Melodramatic Imagination: Balzac, Henry James, Melodrama, and the Mode of Excess*. New Haven: Yale University Press, 1995.

chistes e queixas que complicam um pouco a ideia comum que se tem de cada um. A certa altura, James reclama da ausência do elemento visual em *Nos mares do Sul*, reprimenda que torna a aparecer dois anos depois por conta de *Catriona*. A resposta de Stevenson, cuja obra até então era totalmente estruturada em torno de imagens, vem na forma de um pequeno manifesto, que traz o esboço de uma teoria sobre a ficção que vai na contramão de tudo o que ele defendia até então [carta 61]. Ele não chegou a desenvolver a ideia – morreria um ano depois –, e a natureza privada do veículo não propicia muita repercussão, mas é digno de nota que um comentário inesperado como esse tenha passado ao largo de boa parte das discussões sobre sua literatura. Borges e Bioy Casares tentaram relativizar a escassez visual das obras finais de Stevenson, e encararam este episódio mais como uma provocação entre amigos. Mas a leitura de *Catriona* e *Weir of Hermiston*, esta última inacabada em função de sua morte súbita, de fato revela um estilo diferente, *very innerly*, como Borges classificava a literatura de James,* com personagens dotados da tal complexidade moral que é central ao universo jamesiano. Da mesma forma, os romances tardios de James vão ficando cada vez mais visuais.** O leitor das cartas pode achar que há uma espécie de contaminação vertiginosa de estilos: Stevenson escreve um romance à maneira de James, que dá pela falta de traços, digamos, stevensonianos na obra,

---

* Cf. BALDERSTON, Daniel. *El Precursor Velado: R. L. Stevenson en la Obra de Borges*. Tradução de Eduardo Paz Leston. Buenos Aires: Editorial Sudamericana, 1982.
** Cf. BROOKS, 1995.

enquanto sua própria produção vai sendo tingida destas mesmas características...

A leitura da correspondência, portanto, não apenas desconstrói noções rápidas como abre todos os tipos de possibilidade de interpretação. Mas, mais do que isso, ela revela algo da história do romance, de sua batalha para que fosse aceito como arte no universo de língua inglesa e de como tomou a forma que tem hoje. Se, como definiu Ian Watt, o realismo é o traço essencial do romance e tendeu a suplantar os modos não realistas que predominavam na prosa de ficção até seu surgimento, o gênero está longe de constituir uma forma pura. Pelo contrário, o romance é afeito à mistura, a contaminações, à variedade e ao cruzamento de fronteiras, um gênero onívoro desde o começo.* O viés romanesco que se insinua da pena jamesiana prova que o gênero não sufocou por completo o elemento de *romance* no interior da narrativa realista. Da mesma forma, vemos como mesmo onde não há pretensões declaradas de representação da realidade, como é o caso de Stevenson, o real de alguma forma se insinua pela porta dos fundos.

*

Esta correspondência também acompanha momentos singulares nas trajetórias dos dois escritores, como foi a experiência de James no teatro, no início da década de 1890. A realidade nua e crua é que as peças que escreveu foram um fracasso retumbante, numa época em que Oscar Wilde arrancava risos e aplausos

---

* VASCONCELOS, 2002, p. 29.

das plateias inglesas. Mais do que com qualquer outro correspondente, foi com Stevenson, que também escreveu para os palcos, porém sem se importar muito com isso, que James se abriu sobre sua experiência e dividiu suas apreensões, talvez porque sua distância da cena europeia lhe proporcionasse certa liberdade. Se James não conseguiu emplacar suas peças, para sua decepção, os experimentos no teatro deixaram marcas na forma como estruturava seus romances. O drama da consciência, marca de sua obra tardia, resulta muito da descoberta do método cênico, que ele expõe para Stevenson em algumas de suas cartas.*

No caso de Stevenson, podemos acompanhar sua peregrinação pelos trópicos, o contato com culturas consideradas exóticas, povos recém-saídos do canibalismo, festas e rituais. Os relatos abundam em admiração pela "vida descockneificada", como James definiu a temporada no Pacífico Sul, conquistada a duras penas. Samoa representava para ele um modo possível de existência para além dos "salões de Brompton" e, se seus comentários traem aqui e ali certo exagero na romantização da autenticidade da "vida primitiva", as reações de muitos de seus correspondentes abundam em preconceitos e eurocentrismo. Neste ponto, ainda que James representasse o ápice do modo de vida "cockney", ele destoava do tom geral de reproche – entre os amigos, a reação de censura à expatriação foi quase unânime: estavam certos de que a escrita de Stevenson se deterioraria. Sua única "exigência" era que ele não abandonasse totalmente a literatura, e ele inclusive admitiu

---

* A biografia de Leon Edel traz um relato minucioso da experiência de James no teatro.

nas cartas e nos ensaios que as melhores obras de Stevenson (talvez por uma ironia do destino) haviam sido concebidas em Samoa.

A decisão de se fixar em Samoa trouxe para os relatos de Stevenson as questões políticas que animavam a vida na ilha, em cujas entrelinhas podemos ler também a trama imperial que as sustentavam. Ao povoar suas cartas de anedotas e palavras em dialetos locais, Stevenson transforma Samoa no outro incômodo do reinado vitoriano. Além do envolvimento geopolítico, as cartas também narram a descoberta do trabalho físico, que lhe havia sido interditado a vida toda em função da saúde frágil. Aprendemos como Stevenson construiu a própria casa na ilha, como passava seus dias na lavoura de cacau e em companhia de "assistentes marrons" e personalidades do mundo tropical – e ele chegou a afirmar que a jardinagem era de longe mais satisfatória do que a literatura, um comentário no mínimo contraditório para quem, em outros lugares, exaltou a literatura como ele fez. Esta divisão entre o chamado da vida e o amor pela arte é talvez sua incoerência mais constante. Mais uma vez, é James quem melhor define suas ambiguidades: "Uma vida livre seria a realização de seu sonho, se uma grande parte dele não fosse o amor às letras, à expressão e à forma, que é apenas outro nome para uma vida de serviço".

Para o público em geral, a história toda parecia romanesca e excitante, e Stevenson já começava a adquirir o *status* de mito: Marcel Schwob, J. M. Barrie, Kipling e Arthur Conan Doyle queriam fazer a "peregrinação a Samoa" para encontrá--lo. Depois que ele morreu, Fanny, assim como seus amigos de juventude, interessados em difundir sua obra – e lucrar com isso –, acabaram por reforçar uma imagem romântica e arcaizante que vinha se formando a respeito dele. Para isso também contribuiu *The Life of Robert Louis Stevenson*, a biografia escrita por seu primo Graham Balfour, e a publicação de sua correspondência por Sidney Colvin, em 1899 – ele chegou a mutilar várias cartas. James era uma voz dissonante em seu meio a lamentar que o culto de sua imagem ganhasse preeminência sobre a obra, que é, em grande parte, a causa da apreciação equivocada que se fez dela.

Em sua edição da correspondência, Colvin, além de omitir longas passagens, transcreveu erroneamente as cartas e negligenciou a pontuação, erro que se reproduziu amiúde pela dificuldade de acesso aos originais. Mais recentemente, uma edição minuciosa da correspondência completa de Stevenson, organizada por B. A. Booth e Ernest Mehew (1994-1995, Yale University Press), foi feita apenas a partir dos manuscritos, com a correção dos erros e um material de apoio importante que ajuda a dar sentido ao conjunto. Se a publicação das cartas de James foi mais cuidadosa, o cotejo com os originais provou que elas tampouco escaparam da censura, talvez por que trouxessem comentários indiscretos sobre contemporâneos. As edições mais recentes da correspondência de James estão resolvendo parte dos problemas, mas algumas das cartas ainda não foram reeditadas e outras são inéditas, ao menos em inglês.*

Dado o amplo escopo de questões em que estas cartas tocam, é de se admirar que sejam ainda pouco conhecidas, mes-

---

* Le Bris compilou as cartas inéditas em tradução para o francês em sua edição da correspondência, que também traz algumas cartas de James a outras pessoas a propósito de Stevenson.

mo no universo de língua inglesa, e com isso se perde um diálogo dos mais interessantes. Para tentar remediar isso, as cartas que sobreviveram ao caos do correio samoano, à censura da família e aos erros editoriais vêm agora à luz em português, na versão mais completa a que foi possível chegar.

A ARTE DA FICÇÃO

Henry James*

Não teria dado um título tão abrangente a estes breves comentários, definitivamente aquém de qualquer completude, sobre um tema que, considerado plenamente, nos levaria longe, se não acreditasse ter descoberto um pretexto para minha temeridade no interessante panfleto publicado recentemente sob este mesmo título pelo Sr. Walter Besant. A conferência do Sr. Besant na Royal Institution – que deu origem ao panfleto – parece indicar que muitas pessoas se interessam pela arte da ficção e não são indiferentes aos comentários que aqueles que a praticam possam tentar fazer sobre ela. Logo, estou ansioso por não perder o benefício desta associação favorável, e por

---

* "The Art of Fiction" saiu na *Longman's Magazine* de setembro de 1884. O artigo de James tomava emprestado o título da palestra que o escritor e crítico literário Walter Besant (1836-1901) proferira na Royal Institution, em Londres, no dia 24 de abril do mesmo ano (em maio, a editora Chatto e Windus publicou a palestra acrescida de notas do autor) e era um comentário a ela. O ensaio foi republicado em 1888, no volume de ensaios *Partial Portraits*, com algumas alterações no texto original. A presente tradução toma como ponto de partida a versão de 1884.

ajuntar algumas palavras à sombra da atenção que o Sr. Besant certamente suscitou. Há algo de muito encorajador no fato dele ter dado forma a algumas de suas ideias acerca do mistério de contar histórias.

É prova de vida e curiosidade – curiosidade por parte da irmandade dos romancistas, assim como de seus leitores. Há pouquíssimo tempo, poderíamos supor que o romance inglês não era o que os franceses chamam de *discutable*. Não parecia ter uma teoria, uma convicção, uma consciência de si por detrás – não parecia ser a expressão de uma fé artística, resultado de escolha e comparação. Não quero dizer que isso seja ruim; seria necessário muito mais coragem do que possuo para sugerir que o romance, como Dickens e Thackeray (por exemplo) o viam, tinha qualquer sombra de incompletude. Era, no entanto, *naïf* (se posso me valer de outra palavra francesa); e, evidentemente, se ele estava destinado a sofrer de alguma forma por ter perdido sua *naiveté*, pode agora tirar proveito das vantagens correspondentes. No período a que aludi, havia um sentimento generalizado, reconfortante e amigável de que um romance é um romance, assim como um pudim é um pudim, e ponto final. Mas nos últimos dois anos mais ou menos, por uma razão qualquer, há indícios de uma volta da animação – parece que a era da discussão está de alguma forma aberta. A arte vive da discussão, da experimentação, da curiosidade, da variedade, da troca de opiniões e da comparação de pontos de vista; supõe-se que, nos tempos em que ninguém tem nada em particular a dizer sobre ela e nenhuma explicação a respeito de sua prática ou de suas preferências, ainda que possam ser tempos de gênio, não são tempos de desenvolvimento, são possivelmente até tempos de um pouco de enfado. A prática fecunda de qualquer arte é um espetáculo encantador, mas a teoria também é interessante; e ainda que haja um bocado da última sem a primeira, desconfio que nunca houve um sucesso genuíno que não tenha tido uma convicção latente em seu cerne. Discussão, sugestão, formulação, estas coisas são férteis quando são francas e sinceras. O Sr. Besant deu um excelente exemplo ao dizer o que pensa sobre o modo como a ficção deve ser escrita, assim como sobre a forma como deve ser publicada, pois sua visão da "arte", apresentada num apêndice, cobre isso também. Outros trabalhadores da área sem dúvida retomarão o debate, e lhe conferirão as tintas da experiência, e o efeito certamente será o de fazer com que nosso interesse pelo romance seja um pouco mais aquilo que por algum tempo ameaçou deixar de ser – um interesse sério, ativo, inquiridor, sob cuja proteção este estudo encantador, em momentos de confiança, se arrisca a dizer um pouco mais sobre o que pensa de si mesmo.

Ela precisa se levar a sério para que o público também a leve. A velha superstição sobre a ficção ser "má" sem dúvida desapareceu na Inglaterra, mas seu espírito perdura em certo olhar oblíquo dirigido a qualquer história que não admita mais ou menos que é apenas uma brincadeira. Até o mais jocoso dos romances sente em algum grau o peso da proscrição dirigida antigamente contra a frivolidade literária; a jocosidade nem sempre consegue passar por gravidade. Ainda se espera, mesmo que as pessoas tenham vergonha de admiti-lo, que uma obra que é, no fim, apenas um "faz de conta" (o que é uma "história" se não isso?) deva ser em algum grau apologética, que deva renunciar à pretensão de tentar realmente competir com a vida. Isso, é claro, qualquer história sensata e lúcida se recusa a fazer, pois percebe rapidamente que a tolerância que lhe é conferida sob esta condição é apenas uma tentativa de reprimi-la, disfarçada de generosidade. A velha hostilidade evangélica ao romance, que era tão explícita quanto era estreita, e que o via como tão pouco favorável à nossa parte imortal quanto uma peça de teatro, era, na verdade, bem menos insultante. A única razão de ser de um romance é que ele *de fato* compete com a vida. Quando deixa de competir como a tela do pintor compete, terá chegado a um estranho impasse. Não esperamos que uma pintura se faça humilde para ser perdoada; e a analogia entre a arte do pintor e a do romancista é, até onde posso ver, total. Sua inspiração é a mesma, seu processo (tendo em mente as diferenças dos suportes) é o mesmo, seu sucesso é o mesmo. Podem aprender uma da outra, podem explicar e sustentar uma a outra. Sua causa é a mesma, e a honra de uma é a honra da outra. Peculiaridades de modo, de execução, que são correspondentes nos dois lados, existem em cada uma delas e contribuem para seu desenvolvimento. Os maometanos acham que a pintura é profana, mas faz muito tempo que um cristão não pensa assim, e é portanto ainda mais estranho que os traços (ainda que dissimulados) de uma suspeita da arte irmã ainda persistam na mente de um cristão. A única forma de acabar com ela é enfatizando a analogia à qual eu acabei de me referir – insistir no fato de que, se a pintura é realidade, o romance é história. Esta é a única definição geral (que lhe faça justiça) que podemos dar ao romance. Mas também se admite que a história compita com a vida, como eu dizia; e não se espera que ela se desculpe, não mais que a pintura. A matéria da ficção se encontra, da mesma forma, em documentos e arquivos, e, se não quiser se entregar, como se diz na Califórnia, deve falar com convicção, com o tom do historiador. Certos romancistas bem-sucedidos têm mania de se entregar, o que deve arrancar lágrimas dos que levam sua ficção a sério. Recentemente, fiquei pasmo, ao ler umas páginas de Anthony Trollope, com sua falta de discrição neste quesito. Numa digressão, um parêntese ou um aparte, ele admite para o leitor que ele e seu amigo confiante estão apenas "fazendo de conta". Ele admite que os eventos que narra não aconteceram realmente, e que pode dar à narrativa o giro que o leitor quiser. Tal traição de um ofício sagrado me parece, confesso, um crime terrível; é a atitude apologética a que me referia, e me choca amiúde em Trollope como me chocaria em Gibbon ou Macaulay. Sugere que o romancista está menos preocupado em buscar a verdade que o historiador, e, ao fazê-lo, o priva, de um golpe, de sua arena. Representar e ilustrar o passado, as ações dos homens, é a tarefa de ambos, e a única diferença que posso ver é, na medida em que é bem-sucedido, para a honra do romancista, pois ele tem mais dificuldade em coletar sua evidência, que está longe de ser puramente literária. Parece-me que isto lhe confere um enorme caráter, o fato de que tem tanto em comum, a uma só vez, com o filósofo e o pintor; esta dupla analogia é uma herança magnífica.

É evidente que o Sr. Besant tem razão quando insiste no fato de que a ficção é uma das *belas*-artes e merece para si todas as honras e as recompensas até agora reservadas à exitosa profissão da música, poesia, pintura e arquitetura. É impossível exagerar ao insistir em verdade tão importante, e o lugar que o Sr. Besant reivindica para o trabalho do romancista pode ser resumido, um pouquinho menos abstratamente, se disser que ele não reivindica apenas que seja considerado artístico, mas que seja considerado de fato muito artístico. É muito bom que ele tenha feito esta nota soar, porque isso indica que era necessário, que sua proposição pode ser uma novidade para muitas pessoas. Pode parecer mentira, mas o restante do ensaio do

Sr. Besant confirma esta revelação. Na verdade, desconfio que seria possível levá-la ainda mais adiante, e que não seria errado dizer que, além das pessoas a quem jamais ocorreu que um romance pode ser arte, há muitas outras que, se consultadas a este respeito, seriam tomadas por um receio indefinível. Elas teriam dificuldade de explicar sua repugnância, mas ela contribuiria fortemente para colocá-las em guarda. Em nossas comunidades protestantes, onde tantas coisas foram estranhamente pervertidas, supõe-se, em certos círculos, que a "arte" tenha alguns efeitos levemente nocivos sobre os que a levam a sério, para quem ela pesa na balança. Assume-se que ela é oposta, de forma misteriosa, à moral, à diversão, à instrução. Quando ela encarna no trabalho do pintor (o escultor é outra história!), você sabe de que se trata; ela está lá, à sua frente, na honestidade do rosa e do verde e de uma moldura dourada; em uma olhada, você pode ver o que há de pior nela, e pode se colocar em guarda. Mas, quando é introduzida na literatura, se torna mais insidiosa – existe o risco de que ela o machuque antes que você se dê conta. A literatura deveria instruir ou divertir, e para muitos fica a impressão de que as preocupações artísticas, a busca pela forma, não contribuem para nenhum destes fins e, na verdade, prejudicam ambos. São muito frívolas para serem edificantes, e muito sérias para serem divertidas; são, ainda por cima, pedantes, paradoxais e supérfluas. Assim se expressariam os pensamentos ocultos daqueles leitores que apenas correm os olhos pelos romances, se fossem articulados. Eles defenderiam que um romance deve ser "bom", mas interpretariam este termo de um jeito próprio, que variaria consideravelmente de um crítico a outro. Um diria que ser bom é retratar personagens virtuosos e ambiciosos, em posições proeminentes; outro diria que, para que um romance tenha um "final feliz", deve haver, no fim, uma distribuição de prêmios, pensões, maridos, esposas, bebês, milhões, parágrafos anexados e comentários agradáveis. Outro ainda diria que deve estar repleto de incidentes e movimento, de modo que queiramos saltar as páginas para descobrir quem era o misterioso estranho, se o testamento roubado foi enfim encontrado, sem que sejamos desviados deste prazer por qualquer análise ou "descrição" tediosa. Mas todos concordariam que o "artístico" acabaria com parte da diversão. Um poria a culpa no excesso de descrição, outro veria a prova disso na falta de simpatia. Sua hostilidade a um final feliz seria evidente, e até impossibilitaria qualquer final, em alguns casos. O "fim" de um romance é, para muitos, como o de um bom jantar, uma rodada de sobremesas e tragos, e o artista na ficção é visto como uma espécie de médico intrometido, que proíbe o prolongamento dos prazeres. É portanto verdade que esta concepção do Sr. Besant de que o romance é uma forma superior encontra não apenas uma indiferença negativa mas também uma positiva. Sendo uma obra de arte, pouco importa que o romance esteja mais ou menos preocupado em fornecer finais felizes, personagens simpáticos ou um tom objetivo, como se fosse um trabalho de mecânica; a associação de ideias, por mais incongruente que seja, poderia ser demasiada para o romance, não fosse uma voz eloquente que se ergue vez ou outra para chamar a atenção para o fato de que ele é tão livre e tão sério como qualquer outro ramo da literatura.

Certamente, podemos duvidar disso em face do enorme número de obras de ficção que apelam para a credulidade de nossa geração, pois pode parecer que não há muita substância numa *commodity* produzida tão fácil e rapidamente. Temos de admitir que os bons romances são de alguma forma comprometidos pelos maus, e que a área em geral está um pouco desacreditada pela superprodução. Creio, no entanto, que esta injúria é apenas superficial, e que a superabundância de ficção escrita não prova nada contra o princípio em si. Foi vulgarizada, como todos os outros tipos de literatura, como tudo o mais hoje em dia, e provou-se mais propícia à vulgarização do que outras formas. Mas há tanta diferença quanto sempre houve entre um bom e um mau romance: o mau é varrido juntamente com as telas borradas e o mármore estragado para algum limbo deserto ou lixão infinito, sob a janela do fundo do mundo, e o bom sobrevive e emite sua luz e estimula nosso desejo pela perfeição. Tomarei a liberdade de fazer apenas uma crítica ao Sr. Besant, cujo tom evidencia o amor que sente por sua arte, e devo fazê-la de uma vez por todas. Parece-me que ele comete um erro ao afirmar de antemão e tão categoricamente o que deve ser um bom romance. O propósito destas páginas é indicar os perigos de tal equívoco, sugerir que certas tradições, aplicadas *a priori*, já tiveram de se explicar, e que a saúde de uma arte que se propõe de forma tão imediata a reproduzir a vida exige que ela seja perfeitamente livre. Ela vive da prática, e o significado mesmo da prática é a liberdade. A única obrigação que podemos impor ao romance sem incorrer na acusação de sermos arbitrários é que ele seja interessante. Ele tem essa responsabilidade geral, mas é a única que me ocorre. As formas que tem para fazê-lo (para interessar-nos) são incontáveis e só podem sofrer se forem definidas ou encarceradas pela prescrição. Elas são tão variadas quanto o temperamento dos homens, e serão bem-sucedidas na medida em que revelem uma personalidade particular, diferente das outras. Um romance é, em sua definição mais geral, uma impressão particular da vida; isso, antes de tudo, constitui seu valor, que é maior ou menor de acordo com a intensidade desta impressão. Mas não haverá intensidade alguma, e portanto nenhum valor, a menos que haja liberdade para sentir e dizer. Traçar uma linha a ser seguida, um tom a ser adotado, uma forma a ser preenchida é limitar aquela liberdade e suprimir justamente a coisa sobre a qual temos mais curiosidade. A forma, parece-me, deve ser apreciada em função do objeto; aí a escolha do autor estará feita, seu padrão indicado, e poderemos seguir as linhas e as direções e comparar os tons. Então, em uma palavra, poderemos desfrutar do mais encantador dos prazeres, poderemos estimar a qualidade, poderemos aplicar o critério da execução. A execução pertence apenas ao autor; é o que lhe é mais pessoal, e nós o julgamos por isso. A vantagem, o luxo, mas também o tormento e a responsabilidade do romancista é que não há limite para o que ele pode realizar – não há limite para suas experimentações, seus esforços, suas descobertas e seus sucessos possíveis. É particularmente aqui que ele trabalha, passo a passo, como seu irmão do pincel, de quem podemos sempre dizer que pintou um quadro à sua maneira. Sua maneira é seu segredo, não necessariamente deliberado. Mesmo se quisesse, não poderia revelá-lo como uma generalidade; ele sairia perdendo se o ensinasse a outros. Digo isso precisamente por que me lembro de ter insistido na semelhança dos métodos do artista que pinta um quadro e do artista que escreve um romance. O pintor *é* capaz de ensinar os rudimentos de sua prática, e é possível, a partir do estudo de boas obras (desde que haja talento), tanto aprender a pintar como aprender a escrever. No entanto, sem prejudicar o *rapprochement*, é verdade que o artista literário seria obrigado, bem mais do que o outro, a dizer a seu pupilo "Ah, bem, faça como puder!". É questão de grau, de delicadeza. Se as ciências exatas existem, da mesma forma há as artes exatas, e a gramática da pintura é tão mais definida que faz diferença.

Tenho de acrescentar, contudo, que, se o Sr. Besant diz no começo de seu ensaio que "as leis da ficção devem ser estabelecidas e ensinadas com a mesma precisão e exatidão das leis da harmonia, da perspectiva e da proporção", ele mitiga o que poderia soar exagerado ao dirigir seus comentários às leis "gerais" e ao expressar a maior parte destas regras de uma forma com a qual discordar seria certamente pouco lisonjeiro. Que o romancista deve escrever a partir de sua experiência, que seus "personagens devem ser reais, como os que encontraríamos na vida real"; que "uma jovem que cresceu num pacato vilarejo no campo deve evitar descrições da vida militar" e "um escritor com amigos e experiências pessoais de classe média baixa deve cuidadosamente evitar que seus personagens sejam introduzidos à alta-sociedade"; que se deve tomar notas em uma caderneta; que suas figuras sejam bem-delineadas; que fazer isso a partir de um truque de linguagem ou de comportamento é um método ruim e "descrevê-los exaustivamente" é pior ainda; que a ficção inglesa deve ter um "propósito moral consciente"; que "é praticamente impossível exagerar ao estimar demais o valor de um trabalho bem-acabado – ou seja, do estilo"; que "o ponto mais importante de todos é a história"; que "a história é tudo" – eis os princípios com os quais, em sua maioria, seria certamente difícil não simpatizar. O comentário sobre o escritor de classe média-baixa que deve saber o seu lugar é um pouco frio; mas, quanto ao restante, acharia difícil discordar de qualquer uma dessas recomendações. Ao mesmo tempo, seria difícil concordar com elas, salvo, talvez, com a injunção de tomar notas em uma caderneta. Elas parecem conter muito pouco da qualidade que o Sr. Besant atribui às regras do romancista – a "precisão e a exatidão" das "leis da harmonia, da perspectiva e da proporção". Elas são sugestivas, são até inspiradoras, mas não são exatas, ainda que sejam, sem dúvida, o máximo que conseguem ser, prova da liberdade de interpretação que eu defendia há pouco. Pois o valor dessas diferentes injunções – tão belas e tão vagas – reside inteiramente no sentido que lhe atribuímos. Os personagens e as situações que nos parecem reais serão aqueles que nos tocam e interessam mais, mas a medida do real é difícil de fixar. A realidade de Dom Quixote ou do Sr. Micawber é muito nuançada; é uma realidade tão tingida da visão do autor que, por mais vívida que possa ser, hesitaríamos em propô-la como modelo; nos exporíamos a questões embaraçosas dos pupilos. Não é preciso dizer que você não escreverá um bom livro se não tiver senso de realidade; mas será difícil lhe dar a receita de como evocar este senso. A humanidade é imensa e a realidade tem uma miríade de formas; o máximo que podemos fazer é dizer que algumas flores da ficção possuem o aroma do real, e outras não; mas dizer de antemão como você deve compor seu buquê é outra história. É igualmente excelente e inconclusivo dizer que devemos escrever a partir da experiência; para nosso hipotético aspirante, tal afirmação pode ter um gosto de troça. De que tipo de experiência se trata, onde ela começa e onde termina? A experiência jamais é limitada e jamais é completa; é uma imensa sensibilidade, um tipo de teia de aranha gigante, feita dos mais nobres fios de seda, suspensa na câmara da consciência, capturando toda partícula levada pelo ar em sua trama. É a atmosfera da mente; e quando a mente é imaginativa – ainda mais quando calha de ser a de um homem de gênio –, ela capta a mais ínfima sugestão de vida, ela converte a própria pulsação do ar em revelações. A jovem que mora no vilarejo precisa apenas ser uma donzela em quem nada se perde para que seja injusto (ao que me parece) afirmar que ela não tem nada a dizer sobre os militares. Já se viu milagres maiores do que este e, a imaginação ajudando, ela pode falar a verdade sobre alguns desses cavalheiros. Lembro-me que uma romancista inglesa, uma senhora de gênio, contou-me como fora elogiada pelo modo como retratou, em um de seus contos, a natureza e o modo de vida dos jovens protestantes franceses.* Perguntaram-lhe onde ela aprendera tanto sobre estes seres recônditos, felicitaram-na por suas oportunidades peculiares. Estas oportunidades consistem em, uma vez, em Paris, quando ela subia um lance de escadas, ter encontrado uma porta aberta e espiado um grupo de jovens protestantes reunido em torno da mesa ao final de uma refeição na casa de um *pasteur*. O vislumbre formou um quadro; durou apenas um instante, mas aquele instante foi uma experiência. Ela teve uma impressão, e daí desenvolveu um tipo. Ela sabia o que era a juventude, e o que era o protestantismo; também tinha a vantagem de ter visto o que era ser francês; então ela converteu essas ideias em uma imagem concreta e criou uma realidade. Acima de tudo, ela fora abençoada com a faculdade de tomar o braço de alguém que lhe dá a mão, que é para o artista uma fonte de força maior que qualquer acaso de residência ou posição social. O poder de adivinhar o não visto a partir do que se vê, de revelar o sentido implícito das coisas, julgar o todo pelos seus contornos, a habilidade de perceber a vida, em geral, tão completamente que não se está longe de

---

* Trata-se, provavelmente, da escritora Ann Thackeray, filha de William Thackeray, e de seu romance *The Story of Elizabeth*.

conhecer cada canto em particular – pode-se quase dizer que este conjunto de dons constitui a experiência, e eles podem ser encontrados no campo como na cidade, e nos mais diversos níveis de educação. Se a experiência é feita de impressões, pode-se dizer que as impressões *são* experiência, assim como (já não vimos isto?) são o ar que respiramos. Assim, se fosse dizer a um novato "escreva a partir da experiência, e da experiência apenas", seria uma exigência algo inalcançável se não tomasse o cuidado de acrescentar imediatamente "tente ser uma dessas pessoas em quem nada se perde!".

Longe de mim querer com isso minimizar a importância da exatidão – da verdade do detalhe. Podemos falar melhor a partir de nosso próprio gosto, e posso me aventurar a dizer que o ar de realidade (a solidez da especificidade) me parece ser a virtude suprema do romance – o mérito do qual todos os seus outros méritos (inclusive o propósito moral consciente do qual fala o Sr. Besant) dependem invariavelmente. Se ele não estiver lá, os outros não são nada, e se estes últimos estiverem lá, devem seu efeito ao sucesso com que o autor criou a ilusão de vida. O cultivo deste sucesso, o estudo deste processo primoroso, constituem, para o meu gosto, o começo e o fim da arte do romancista. São sua inspiração, seu desespero, sua recompensa, seu tormento, seu deleite. É aqui, na verdade, que ele compete com a vida; aqui que ele compete com seu irmão, o pintor, na *sua* tentativa de reproduzir a aparência das coisas, aparência que carrega seu significado, de captar a cor, o relevo, a expressão, a superfície, a substância do espetáculo humano. É em relação a isso que o Sr. Besant se mostra inspirado quando o urge a tomar notas. Ele não poderia tomar notas demais, não poderia nem tomar o suficiente. Toda a vida apela a ele, e "reproduzir" a superfície mais simples, criar a ilusão mais fugaz, é um negócio muito complicado. Seu caso seria mais fácil, e a regra seria mais acurada se o Sr. Besant tivesse dito a ele que notas tomar. Mas temo que ele não possa aprender isto em nenhum manual; é o trabalho de sua vida. Ele precisa tomar muitas notas para escolher apenas algumas, desenvolvê-las como puder, e mesmo os filósofos e os guias que teriam muito a lhe dizer precisam deixá-lo em paz quando se trata de colocar os preceitos em prática, da mesma forma que deixamos o pintor em comunhão com sua palheta. Que seus personagens "devem ser bem delineados", como diz o Sr. Besant, ele o sente na própria pele, mas como fazê-lo é um segredo entre ele e seu anjo da guarda. Seria absurdamente fácil se ele pudesse ensiná-lo que um bocado de "descrição" funcionaria ou, ao contrário, que a ausência de descrição e o cultivo do diálogo, ou a ausência de diálogo e a multiplicação de "incidentes" o resgatariam de suas dificuldades. Nada mais possível, por exemplo, que ele seja daqueles a quem esta oposição literal e estranha entre descrição e diálogo, incidente e descrição, não faça nenhum sentido. As pessoas frequentemente falam sobre essas coisas como se fossem brutalmente distintas, ao invés de se fundir uma à outra a cada passo, sendo partes intimamente ligadas de um mesmo esforço geral de expressão. Não posso conceber que a composição exista em uma série de blocos, ou que, em qualquer romance digno de discussão, haja um trecho de descrição que não seja também narrativo em sua intenção, um trecho de diálogo que não seja descritivo em sua intenção, um toque de verdade de qualquer tipo que não partilhe da natureza do incidente, e um incidente que não derive seu interesse da única fonte geral do sucesso de uma obra de arte – ser ilustrativa. O romance é uma coisa viva, única e contínua, como todo organismo, e, à medida que vive, em cada uma de suas partes se encontrará algo de cada uma das outras. O crítico que quiser traçar uma geografia de itens sobre a trama cerrada de uma obra acabada irá estabelecer fronteiras tão artificiais como qualquer outra que conhecemos na história. Há uma distinção já fora de moda entre romance de personagem e romance de aventura que deve ter provocado alguns sorrisos no romancista consciente e afeito a seu trabalho. Ela me parece tão sem sentido quanto a igualmente celebrada distinção entre o romance e o romanesco, corresponde igualmente pouco à realidade. Há bons romances e maus romances, assim como há boas pinturas e más pinturas; mas esta é a única distinção em que vejo algum sentido, e falar de um romance de personagem é tão inconcebível quanto falar de uma pintura de personagem. Quando falamos em pintura, falamos de personagem, quando falamos em romance, falamos de incidente, e os termos são intercambiáveis. O que é o personagem senão aquele que determina o incidente? O que é o incidente senão a ilustração do personagem? O que é um romance ou uma pintura que não é de personagem? O que mais buscamos aí e achamos aí? É um incidente para uma mulher se levantar e, com a mão pousada sobre a mesa, olhar para você de determinada maneira; se isso não for um incidente, é difícil dizer o que é. Ao mesmo tempo, é uma expressão do caráter do personagem. Se você disser que não consegue enxergar isso (personagem *aí – allons donc!*), eis o que o artista, que tem suas razões para pensar que ele *sim* enxerga o personagem aí, quer lhe mostrar. Quando um jovem decide que, no fim das contas, não tem fé suficiente para entrar na Igreja, como pretendia, isto é um incidente, embora talvez você não queira chegar logo ao fim do capítulo para ver se ele não vai mudar de ideia outra vez. Não quero dizer que estes são incidentes extraordinários ou espantosos. Não posso querer estimar o grau de interesse que decorre deles, pois isso vai depender da habilidade do pintor. Soa quase infantil dizer que alguns incidentes são intrinsicamente mais importantes do que outros, e não preciso me precaver, depois de ter professado minha simpatia pelos mais importantes, quando digo que a única forma de classificar o romance, como eu entendo, é entre o interessante e o desinteressante.

O romance e o romanesco, o romance de aventura e o de personagem – parece-me que estas divisões foram feitas por críticos e leitores por conveniência própria, para livrá-los de algumas de suas dificuldades, mas que têm pouco interesse ou realidade para o produtor, de cujo ponto de vista estamos tentando analisar a arte da ficção. O mesmo acontece com outra categoria obscura, que o Sr. Besant parece disposto a estabelecer, a de "romance inglês moderno"; a não ser que neste ponto ele tenha acidentalmente se confundido. Não fica claro se os comentários que aludem a ele são didáticos ou históricos. É tão difícil imaginar alguém que queira escrever um romance inglês moderno quanto alguém que queira escrever um romance inglês antigo; este é um rótulo que foge à questão. Escrevemos um romance, pintamos um quadro de nosso tempo e de nossa linguagem, e chamá-lo de moderno não vai, infelizmente, facilitar esta difícil tarefa. Da mesma forma, não adianta chamar esta ou aquela obra de outro artista de romanesca, a não ser pelo prazer da coisa, como, por exemplo, quando Hawthorne deu este título à sua história de Blithedale.* Os franceses, que deram à teoria da ficção uma completude notável, têm apenas uma palavra para romance, e não lograram coisas menores por isso, até onde posso ver.

---

* *The Blithedale Romance.*

Não há obrigação que o escritor romanesco tenha que o romancista não tenha; o padrão de execução é igualmente alto para os dois. É claro que estamos falando de execução, o único ponto em um romance aberto à contestação. Perdemos isso de vista com muita frequência, o que só produz confusões e mal-entendidos intermináveis. Precisamos conceder ao artista seu tema, sua ideia, o que os franceses chamam sua *donnée*; nossa crítica só se aplica ao que ele faz disso. Naturalmente, não quero dizer com isso que devemos gostar dele ou achá-lo interessante; caso não gostemos, é bastante simples: basta deixá-lo de lado. Podemos pensar que com certas ideias nem o mais sincero romancista pode fazer coisa alguma, e os acontecimentos podem perfeitamente justificar nossa opinião, mas o fracasso terá sido um fracasso de execução, e é na execução que a fraqueza fatal é registrada. Se queremos respeitar o artista minimamente, precisamos garantir sua liberdade de escolha, em alguns casos em face de inúmeras presunções de que a escolha não vai dar frutos. A arte deriva boa parte de seu exercício benéfico de afrontar as presunções, e algumas das mais interessantes experimentações de que é capaz estão escondidas no seio das coisas comuns. Gustave Flaubert escreveu uma história sobre a devoção de uma criada a um papagaio,[*] e a obra, bem acabada como é, não pode ser considerada um sucesso. Podemos muito bem achá-la plana, mas acho que poderia ser interessante, e estou, de minha parte, feliz que ele a tenha escrito, contribui para nosso conhecimento do que se pode e não se pode fazer. Ivan Turguêniev escreveu um conto sobre um servo surdo-mudo e um cachorro de estimação, e é tocante, amoroso, uma pequena obra-prima. Ele fez soar a

---

[*] "Um coração singelo", publicado em *Três contos*.

nota da vida que Flaubert deixou escapar – ele afrontou a presunção e conquistou uma vitória.

Decerto, nada vai substituir o bom e velho "gostar" ou "não gostar" de uma obra de arte; a crítica mais evoluída não abolirá este critério primitivo e último. Digo isto para me proteger da acusação de sugerir que a ideia, o assunto de um romance ou de uma pintura não importam. Para mim, eles têm o mais alto grau de importância e, se puder fazer um pedido, seria que os artistas só escolhessem os mais nobres. Como me apressei em admitir, alguns são mais substanciais que outros, e um mundo no qual as pessoas que se dispõem a abordá-los estivessem isentas de confusões e erros seria um mundo perfeito. Tão afortunada situação só será possível no mesmo dia em que os críticos forem purgados do erro. Neste ínterim, repito: não faremos justiça ao artista se não lhe dissermos "oh, eu lhe concedo seu ponto de partida, pois, se não o fizesse, pareceria que estou deitando regras, e Deus me livre desta responsabilidade. Se pretendo lhe dizer o que você não pode fazer, você me perguntará então o que deve fazer, e aí você me pega! Além do mais, até que eu aceite o que você me apresenta, não posso sequer começar a julgá-lo. Eu tenho os padrões; eu lhe julgo pelo que você me propõe, e é aí que você deve tomar todo o cuidado. É claro que posso não me interessar nem um pouco por sua ideia; posso achá-la boba, ou sem originalidade, ou suja, e neste caso lavo as minha mãos definitivamente. Posso me contentar em achar que você não conseguiu ser interessante, mas não tentarei demonstrar isso, e você será tão indiferente a mim quanto eu em relação a você. Não preciso lembrá-lo de que há gosto para tudo: quem tem razão? Alguns, por ótimas razões, não gostam de ler sobre carpinteiros; outros, por razões ainda melhores, não gostam de ler sobre cortesãs. Muitos são contra os americanos. Outros (creio que em sua maioria editores e *publishers*) não encaram os italianos. Alguns não gostam de personagens quietos, outros não gostam de tagarelas. Uns gostam de uma ilusão total, outros, de uma decepção total. Escolhem seus romances de acordo com aquilo de que gostam ou não e, se não se interessam por sua ideia, não irão, *a fortiori*, se interessar pelo tratamento".

Então caímos novamente, como disse, na questão do gosto, apesar do Sr. Zola, que raciocina com menos potência do que representa, e que não consegue se reconciliar com a supremacia do gosto, pensando que há certas coisas que as pessoas têm de gostar e que podem aprender a gostar. Não consigo pensar em algo (de qualquer forma, no caso da ficção) de que as pessoas *devam* gostar ou desgostar. A seleção se fará por si, pois por trás dela há um motivo constante. Este motivo é simplesmente a experiência. Da mesma forma que as pessoas percebem a vida, vão apreciar a arte que mais se relaciona com ela. É esta relação próxima que jamais podemos esquecer quando falamos sobre o esforço do romance. Muitos se referem ao romance como uma forma factícia e artificial, produto da engenhosidade, cujo fim é alterar e rearranjar as coisas que nos rodeiam, traduzi-las em moldes convencionais e tradicionais. Isto, no entanto, é um jeito de olhar a questão que não nos leva muito longe, condena a arte à eterna repetição de alguns poucos clichês familiares, interrompe seu desenvolvimento e nos leva a um beco sem saída. Captar a nota e o traço particular, o estranho ritmo irregular da vida, eis o esforço extenuante que mantém a ficção de pé. Na medida em que vemos o que ela tem a nos oferecer como a vida *sem* manipulação, sentimos que estamos tocando a verdade; na medida em que vemos a vida *com* manipulação, parece que estamos sendo enganados com um substituto, um acordo, uma convenção. Não raro, ouvimos comentários de uma convicção extraordinária em relação à questão da manipulação, de que se fala como se fosse a última palavra em arte. Parece-me que o Sr. Besant corre este risco quando fala tão displicentemente sobre "seleção". A arte é, em sua essência, seleção, mas uma seleção cuja preocupação principal é a de ser típica, inclusiva. Para muitos, arte significa janelas cor-de-rosa, e seleção significa colher um buquê para a Sra. Grundy.* Estes lhe dirão com sinceridade que considerações artísticas não têm nada a ver com o desagradável, com o feio; recitarão de cor lugares-comuns superficiais sobre a província da arte e os limites da arte, até que você comece a se questionar sobre a província e os limites da ignorância. Creio que ninguém poderá ter feito qualquer esforço artístico sério sem ter a consciência de um imenso aumento – uma espécie de revelação – da liberdade. Neste caso, nos damos conta – sob a luz de um raio celeste – de que a província da arte é toda vida, sentimento, observação, visão. Como o Sr. Besant sugere tão acertadamente, é toda experiência. Creio que isso responde aos que sustentam que a arte não deve tocar no que causa dor, que fincam em seu divino e inconsciente seio pequenas inscrições proibitivas na ponta de paus, como os que vemos em jardins públicos "É proibido andar na grama; é proibido tocar nas flores; cachorros não são permitidos, nem permanecer ali à noite; mantenha à direita". O jovem aspirante na seara da ficção, em quem sigo pensando, não fará nada sem gosto, pois neste caso a liberdade não lhe servirá de nada; mas a primeira vantagem de seu gosto será revelar a ele o absurdo dos pauzi-

---

* Personagem de *Speed the Plough* (1798), comédia em cinco atos de Thomas Morton.

nhos e dos bilhetes. Se tiver gosto, tenho de acrescentar, certamente terá engenhosidade, e minha menção desrespeitosa a esta qualidade há pouco não tinha a intenção de sugerir que fosse inútil para a ficção. Mas é apenas uma ajuda secundária; a primeira é uma noção vívida da realidade.

O Sr. Besant teceu alguns comentários sobre a questão da "história", que não vou me dar ao trabalho de criticar, ainda que pareçam conter uma ambiguidade singular, pois não creio que os entenda. Não vejo o que ele quer dizer com a separação entre uma parte do romance que é história e uma parte que, por razões místicas, não é, a não ser que a diferença esteja no fato de que é difícil supor que qualquer pessoa tentará representar alguma coisa. Se a história representa alguma coisa, é o tema, a ideia, o conteúdo do romance; e certamente não há uma "escola" – o Sr. Besant fala de uma escola – que propõe que um romance deva ser todo tratamento e nada de conteúdo. Certamente, há que se ter algo para tratar; toda escola está ciente disto. A história como ideia, como ponto de partida, é o único sentido em que, para mim, podemos tratá-la como algo diferente do todo orgânico do romance; já que, na medida em que uma obra é exitosa, a ideia a permeia e penetra, a forma e anima, de modo que cada palavra e cada sinal de pontuação contribuem diretamente para sua expressão, e não temos mais a sensação de que a história é uma adaga que se pode sacar de sua bainha. A história e o romance, a ideia e a forma, são a agulha e a linha, e jamais ouvi falar de uma agremiação de costureiros que recomendasse o uso da linha sem a agulha ou da agulha sem a linha. O Sr. Besant não é o único crítico que vimos dizer que há certas coisas na vida que constituem histórias e outras que não constituem. A mesma sugestão se encontra num divertido artigo na *Pall Mall Gazette* dedicado, justamente, à conferência do Sr. Besant. "A história é que é a coisa!", diz o gracioso autor, com um tom de quem se opõe à outra ideia. Concordaria com ele como todo pintor que, quando o prazo para "entregar" seu quadro aponta no horizonte, ainda está em busca de seu tema, como todo artista atrasado, que não está certo de sua *donnée*, concordariam plenamente. Há certos temas que nos tocam e outros que não, mas seria necessário que um sábio se encarregasse de nos ensinar uma regra para separar o que é história do que não é. É impossível (ao menos para mim) pensar numa tal regra que não seja totalmente arbitrária. O autor da *Pall Mall* contrapõe o encantador (suponho) romance *Margot la Balafrée* a certos contos nos quais "ninfas de Boston" parecem ter "rejeitado duques ingleses por motivos psicológicos".* Não sei de que romance se trata, e não posso perdoar o crítico da *Pall Mall* por não ter mencionado o nome do autor,** mas o título parece fazer referência a uma lady que deve ter ganhado uma cicatriz numa aventura heroica. Não me conformo com o fato de não conhecer este episódio, mas estou profundamente perdido: por que é uma história quando a rejeição (ou a aceitação) de um duque não é, e por que uma motivação, psicológica ou não, não é um tema quando uma cicatriz é? São todos partículas da multifacetada vida com a qual o romance lida, e estou certo de que nenhum dogma que queira fazer de um lei e do outro intocável se sustentará. É o quadro geral que deve se sustentar ou não, se contiver verdade ou não. A meu ver, o Sr. Besant não ilumina a questão ao sugerir que uma história deve, sob pena de não ser uma histó-

---

* Provavelmente se trata de "An International Episode", publicado na *Cornhill Magazine* (dezembro 1978 – janeiro 1979), de Henry James.
** Trata-se do romancista francês Fortuné de Boisgobey.

ria, conter "aventuras". Por que aventuras e não óculos verdes? Ele menciona uma categoria de coisas impossíveis, e entre elas "ficção sem aventura". Por que aventura e não matrimônio, ou celibato, ou parto, ou cólera, ou hidroterapia, ou jansenismo? Isso parece devolver o romance a seu pequeno e pobre *rôle* de coisa artificial e engenhosa, apequená-lo de seu enorme e livre caráter de uma imensa e maravilhosa correspondência com a vida. E o que *é* aventura, afinal, e como o pupilo que me ouve pode reconhecê-la? É uma aventura – uma aventura imensa – para mim escrever este pequeno artigo; e uma ninfa de Boston que rejeita um duque inglês é uma aventura menos emocionante apenas do que um duque inglês que rejeita uma ninfa de Boston. Vejo dramas e mais dramas nisso, e muitos pontos de vista. Uma motivação psicológica é, para minha imaginação, um objeto adoravelmente pictórico; captar o matiz de sua tez – sinto que esta ideia deveria nos inspirar a esforços dignos de Ticiano. Em suma, poucas coisas me excitam mais do que motivações psicológicas, e ainda assim defendo que o romance é a mais magnífica forma de arte. Acabo de ler, ao mesmo tempo, a maravilhosa história da *Ilha do Tesouro*, do Sr. Robert Louis Stevenson, e o último conto do Sr. Edmond de Goncourt, intitulado *Chérie*. Um deles é sobre assassinatos, mistérios, ilhas de péssima fama, fugas por um triz, coincidências miraculosas e dobrões enterrados. O outro é sobre uma garota francesa que morava em uma bela casa em Paris e morreu de sensibilidade ferida porque ninguém quis casar com ela. Digo que *Ilha do Tesouro* é maravilhoso porque creio que executou perfeitamente aquilo a que se propunha; e não me aventuro a dar um epíteto a *Chérie*, que parece ter fracassado no que se propôs a fazer, isto é, traçar o desenvolvimento da consciência moral de uma criança. Mas, para mim, um e outro são romances, e, da mesma forma, têm história. A consciência moral de uma criança é parte da vida, como as ilhas de Spanish Main, e ambas têm um tipo de geografia que traz aquelas "surpresas" sobre as quais fala o Sr. Besant. Para mim (já que, em última instância, sempre voltamos à preferência individual), o retrato da experiência da criança tem a vantagem de me permitir dizer, em etapas sucessivas (um luxo imenso, próximo do "prazer sensual" de que fala o crítico do Sr. Besant na *Pall Mall*), sim ou não para o que o artista me apresenta. Fui uma criança, mas nunca saí em busca de um tesouro enterrado, e é uma mera coincidência que eu tenha de dizer não em grande parte ao Sr. de Goncourt. Quando George Eliot pintou aquele quinhão, sempre disse sim.

A parte mais interessante da conferência do Sr. Besant infelizmente é a mais curta, sua alusão apressada ao "propósito moral consciente" do romance. Aqui, mais uma vez, não fica muito claro se ele está registrando um fato ou ditando um princípio; neste caso, é uma pena que ele não tenha desenvolvido a ideia. Este ramo do tema é de suma importância, e as poucas palavras do Sr. Besant apontam para considerações do mais amplo alcance, que não podem ser facilmente descartadas. Quem não estiver preparado para trilhar cada passo do caminho a que levam as considerações sobre o romance terá tratado a arte da ficção apenas superficialmente. Foi por este motivo que, no início destes comentários, tomei o cuidado de alertar o leitor que minhas reflexões sobre um tema tão abrangente não tinham a pretensão de ser exaustivas. Tal qual o Sr. Besant, deixei a questão da moral do romance para o fim, e no fim descobri que tinha esgotado o meu espaço. É uma questão cercada de dificuldades, como testemunha a primeira com que nos defrontamos, na forma de uma pergunta, na soleira. A imprecisão é fatal nesta discussão, e qual é o significado da sua moralidade e do seu propósito moral consciente? Você não vai definir seus termos e explicar como (um romance sendo uma pintura) uma pintura pode ser moral ou imoral? Você quer pintar um quadro moral ou entalhar uma estátua moral; você não vai nos dizer como? Nós estamos discutindo a arte da ficção, e as questões da arte são questões (em um sentido amplo) de execução; as questões da moral são outra história, e você não vai nos mostrar por que é que acha tão fácil misturar as duas coisas? Isto é tão claro para o Sr. Besant que ele deduziu daí uma lei que ele enxerga na ficção inglesa e que é "uma coisa verdadeiramente admirável e um grande motivo para celebração". De fato, é um grande motivo para celebração quando problemas tão espinhosos se tornam tão suaves como a seda. Poderia acrescentar que, ao notar que a ficção inglesa se dirigiu preponderantemente a estas questões delicadas, parecerá a muitos que o Sr. Besant fez uma descoberta vã. Ao contrário, eles se surpreenderiam positivamente com a timidez moral do romance inglês comum; com sua aversão a encarar as dificuldades que o tratamento da realidade tem de lidar por todos os lados. Ele é inclinado a ser tímido (enquanto o quadro que o Sr. Besant pinta é um quadro atrevido), e o signo de seu trabalho é, em grande parte, um silêncio precavido a respeito de certos temas. Há no romance inglês (e com isso quero dizer no romance americano também), mais do que em qualquer outro, uma diferença tradicional (que tem a ver com tradição) entre o que se sabe e o que se admite que se sabe, o que se vê e o que se fala, o que se percebe como sendo parte da vida e o que se permite na literatura. Há, em suma, uma grande diferença entre o que se fala numa conversa e o que se fala num impresso. A essência da energia moral é cobrir o campo todo, e eu inverteria o comentário do Sr. Besant e diria que o romance inglês tem não um propósito, mas uma hesitação. Não vou questionar em que medida um propósito, numa obra de arte, é fonte de corrupção; o que me parece menos perigoso é o propósito de fazer uma obra perfeita. Quanto ao nosso romance, poderia dizer, por fim, que da maneira como o encontramos na Inglaterra hoje em dia, ele me aparece voltado em grande medida aos "jovens", e isto em si já pressupõe que será tímido. Há certas coisas que geralmente concordamos em não discutir, nem mesmo mencionar, diante dos jovens. Muito bem, mas a ausência de discussão não é um sintoma de paixão moral. O propósito do romance inglês – "uma coisa verdadeiramente admirável e um grande motivo para celebração" – parece-me, portanto, mais para negativo.

Há um ponto no qual o sentido moral e o sentido artístico andam muito próximos, isto é, à luz da verdade mais óbvia, a de que a qualidade mais profunda da obra de arte será sempre a qualidade da mente do produtor. Na medida em que a mente é nobre, o romance, a pintura e a escultura partilharão da substância da beleza e da verdade. Ser constituído de tais elementos é, a meu ver, ter propósito suficiente. Nenhum romance bom virá de uma mente superficial; creio que este axioma cobre todo o necessário chão moral para o artista de ficção. Se o jovem aspirante o levar a sério, muitos dos mistérios do "propósito" se iluminarão. Poderia dizer-lhe muitas outras coisas úteis, mas cheguei ao fim de meu artigo, e poderei apenas mencioná-las de passagem. O crítico da *Pal Mall Gazette* já citado chama atenção para o perigo da generalização quando se trata da arte da ficção. Creio que o perigo que ele tem em mente seria, na verdade, o da particularização, pois há alguns comentários gerais que, somando-se aos que o Sr. Besant tece em sua conferência, podem ser endereçados ao aluno ingênuo, sem risco de iludi-lo. Em primeiro lugar, gostaria de lembrá-lo da magnificência da forma que se abre para ele, que oferece tão poucas restrições e inumeráveis oportunidades. Comparadas a ela, as outras artes parecem confinadas e cerceadas, as variadas condições sob as quais são praticadas são tão rígidas e definidas. Mas a única condição que posso pensar em impor à composição do romance é, como já disse, que ele seja interessante. Esta liberdade é um privilégio esplêndido, e a primeira lição do jovem romancista é ser digno dela. "Aproveite-a como ela merece", diria a ele; "apodere-se dela, explore-a ao máximo, revele-a, regozije-se nela. Toda a vida lhe pertence, não dê ouvidos nem aos que querem confiná-lo aos cantinhos da vida e que lhe dizem que a arte habita apenas aqui e ali, nem aos que querem persuadi-lo de que esta divina mensageira alça seu voo fora da vida, respirando um ar superfino, dando as costas à verdade das coisas. Não há impressão da vida ou forma de percebê-la que não caiba no programa do romancista, basta lembrar que talentos tão distintos como os de Alexandre Dumas, Jane Austen, Charles Dickens e Gustave Flaubert trabalharam neste campo com a mesma glória. Não pense muito sobre otimismo e pessimismo; tente captar a cor da vida. Hoje, na França, vemos um esforço (o de Émile Zola, a cujo trabalho sólido e sério nenhum explorador das possibilidades do romance pode aludir sem respeito), vemos um esforço extraordinário viciado por um espírito pessimista fundado sobre uma base estreita. Sr. Zola é magnífico, mas soa ignorante a um leitor inglês. Parece que trabalha no escuro, e se tivesse de luz o que tem de energia seus resultados seriam do maior valor. Quanto às aberrações do otimismo raso, o terreno (sobretudo o da ficção inglesa) se encontra espargido de suas frágeis partículas como se fossem cacos de vidro. Se você não puder evitar as conclusões, que elas tenham o sabor de um conhecimento vasto. Lembre-se que sua primeira obrigação é ser o mais completo possível – fazer uma obra perfeita. Seja generoso e delicado, e então, como se diz vulgarmente, mãos à obra!"

UM HUMILDE PROTESTO

*Robert Louis Stevenson**

Recentemente, pudemos desfrutar de um prazer bastante peculiar: ouvir, com algum detalhe, as opiniões do Sr. Walter Besant e do Sr. Henry James sobre a arte que praticam. Dois homens sem dúvida de calibres muito diferentes: o Sr. James, tão preciso no traço, tão astuto na esquiva, tão escrupuloso no acabamento; e o Sr. Besant, tão cordial, tão amigável, de capricho tão persuasivo e gracioso. O Sr. James, o protótipo do artista deliberado, o Sr. Besant, a encarnação da bondade. Não surpreende que tais doutos discordem, mas há um ponto em que eles parecem concordar que, confesso, me enche de espanto. Ambos se contentam em falar sobre a "arte da ficção", e o Sr. Besant se atreve a opor essa tal "arte da ficção" à "arte da poesia". Por arte da poesia ele não deve querer dizer outra coisa que arte do verso, uma arte artesanal, só comparável à arte da prosa. Pois o ardor e o cume de emoção ajuizada que concordamos em chamar pelo nome de poesia não é senão uma qualidade vaga-

---

* "A Humble Remonstrance", a réplica de Robert Louis Stevenson ao texto de James, saiu na revista *Longman's* de dezembro de 1884.

bunda e libertina, presente vez ou outra em qualquer arte, mais frequentemente ausente de todas elas; raramente presente no romance em prosa, muito frequentemente ausente da ode e do épico. Com a ficção se dá o mesmo; não se trata de uma arte em si, mas de um elemento que se imiscui amiúde em todas as artes, com exceção da arquitetura. Homero, Wordsworth, Fídias, Hogarth e Salvini, todos lidam com a ficção. No entanto, não creio que Hogarth ou Salvini, para mencionar apenas dois, se inscrevam em algum grau no escopo da interessante conferência do Sr. Besant ou do encantador ensaio do Sr. James. A arte da ficção, portanto, é uma definição ao mesmo tempo demasiadamente ampla e insuficiente. Permitam-me sugerir outra: o que tanto o Sr. James quanto o Sr. Besant tinham em mente era nada mais nada menos que a arte da narrativa.

Mas o Sr. Besant anseia por falar apenas do "romance inglês moderno", sustento e ganha-pão do Sr. Mudie, o que é de se esperar em se tratando do autor do romance mais agradável do gênero, *All Sorts and Conditions of Men*. Tomo a liberdade, portanto, de fazer dois adendos, a saber: a arte da narrativa *ficcional em prosa*.

Agora, não se pode negar o fato de que o romance inglês moderno existe. Materialmente, com seus três volumes, tipografia de chumbo e títulos dourados, é facilmente distinguível das outras formas de literatura. Mas para que a discussão sobre qualquer ramo da arte seja minimamente frutífera, nossas definições precisam ser calcadas em algo mais substancial que encadernação. Por que, então, acrescentar "em prosa"? Diria que *A Odisseia* é o que há de melhor em termos de romanesco, *A dama do lago** vem logo atrás, em segundo lugar, e que os con-

---

* *The Lady of the Lake*, poema narrativo de Walter Scott, obra célebre à época.

tos e prólogos de Chaucer contêm mais da matéria e da arte do romance inglês moderno que todo o tesouro do Sr. Mudie. Não interessa se uma narrativa é escrita em versos brancos ou em estrofes spenserianas, em longos períodos como os de Gibbon ou em frases fragmentadas como as de Charles Reade, os princípios da arte da narrativa devem ser igualmente obedecidos. A escolha de um estilo nobre e exaltado em prosa afeta a questão da narrativa da mesma forma, se não no mesmo grau, que a escolha de versos metrificados, pois ambos implicam uma maior síntese de eventos, diálogo em uma chave mais elevada, e um fluxo de palavras bem escolhidas e imponentes. Se você excluir *Don Juan*, não vejo por que deveria incluir *Zanoni* ou (colocando duas obras muito diferentes lado a lado) *A letra escarlate**; e por que abrir as portas para *O peregrino*** e fechá-las para *A rainha das fadas****? Para ilustrar a discussão, vou propor uma charada ao Sr. Besant. Uma narrativa intitulada *Paraíso perdido* foi escrita em versos ingleses por um certo John Milton; de que se tratava então? Foi depois vertida ao francês, em prosa, por Chautebriand, e de que se tratava então? Por fim, a tradução francesa foi ousadamente transformada em um romance inglês por um compatriota de George Gilfillan (e meu), e, em nome da clareza, de que se tratava então?

E por que acrescentar "ficcional"? O motivo é óbvio. O motivo para não acrescentar, ainda que seja mais obscuro, não deixa de ter seu peso. A arte da narrativa, na verdade, é a mesma quando ela é aplicada à seleção e à ilustração de uma série de eventos reais ou imaginários. *Life of Johnson*, de Boswell

---

* *The Scarlett Letter*, romance de Nathaniel Hawthorne de 1850.
** *The Pilgrim's Progress*, de John Bunyan, de 1864.
*** *The Faery Queen* (1589-1596), poema de Edmund Spenser.

(uma obra de arte engenhosa e inimitável) deve seu sucesso às mesmas manobras técnicas que (digamos) *Tom Jones*: uma concepção clara de certos tipos de homem, a escolha e a apresentação de certos incidentes dentre os muitos possíveis, e a invenção (sim, invenção) e a preservação de certo tom no diálogo. Quais destas coisas são feitas com mais arte – quais têm mais o ar da natureza –, cabe aos leitores julgar. O caso de Boswell é, de fato, um caso muito especial, quase um gênero à parte; mas não é apenas em Boswell, é em toda biografia com um pingo de vida, toda história na qual eventos e homens, mais do que ideias, são apresentados – em Tácito, em Carlyle, em Michelet, em Macaulay – que o romancista encontrará muitos de seus próprios métodos empregados da forma mais escancarada e com muita habilidade. Descobrirá, além disso, que ele, que é livre – que tem o direito de inventar ou roubar um incidente, que tem o direito, ainda mais valioso, de omitir o que quiser –, será com frequência derrotado e, em que pese todas as suas vantagens, deixa uma impressão de realidade e paixão menos forte. O Sr. James expressa com fervor sua opinião sobre o caráter sagrado da verdade para o romancista; se examinarmos com mais cuidado, a verdade parecerá uma palavra de propriedade bastante questionável, não apenas no que diz respeito ao trabalho do romancista, mas também ao do historiador. Nenhuma arte, para usar a ousada frase do Sr. James, pode "competir com a vida" com sucesso, e a arte que faz isso está condenada a perecer *montibus aviis*. Diante de nós está a vida, infinita em complicações; atravessada pelos mais variados e surpreendentes meteoros; apelando ao mesmo tempo ao olho, ao ouvido e à mente – a morada da excelência –, ao toque – tão intensamente delicado – e ao estômago – tão imperioso quando está faminto. Ela combina e emprega em sua manifestação o método e material não de uma, mas de todas as artes. A música não passa de um jogo arbitrário com alguns poucos acordes majestosos da vida; a pintura não é mais que a sombra de sua maravilhosa ostentação de luz e cor; a literatura apenas aponta para a riqueza de incidentes, de obrigação moral, de virtude, de vício, de ação, de êxtase e de agonia com a qual a vida fervilha. "Competir com a vida", para cujo sol não podemos olhar, cujas paixões e doenças nos consomem e nos matam, competir com o sabor do vinho, a beleza da aurora, o trepidar do fogo, a amargura da morte e da separação, eis a escalada aos céus que se pretende. São trabalhos para um Hércules de casaca, armado de uma pena e de um dicionário, para retratar as paixões, armado de uma bisnaga de alvaiade para pintar o retrato do sol inclemente. Nenhuma arte é verdadeira neste sentido, nenhuma pode "competir com a vida", nem mesmo a história, construída a partir de fatos que são incontestáveis, mas que tiveram sua vivacidade e sua pungência roubadas, de modo que, mesmo quando lemos sobre uma cidade saqueada ou sobre a queda de um império, nos surpreendemos e louvamos com justeza o talento do autor, se nosso coração dispara. E, como uma última diferença, essa aceleração dos batimentos é, quase sempre, puramente prazerosa; essas reproduções fantasmagóricas da experiência, mesmo as mais fiéis, causam prazer, enquanto a própria experiência, na arena da vida, pode torturar e matar.

    Qual é, então, o objeto, qual o método de uma arte, e qual a fonte de seu poder? O segredo é que nenhuma arte de fato "compete com a vida". O único método do homem, quando ele pensa ou cria, é entrecerrar os olhos ao deslumbre e à confusão da realidade. As artes, como a aritmética e a geometria, desviam o olhar da natureza abundante, colorida, móvel a nossos pés, e fitam, em vez disso, certa abstração imaginária. A geometria nos falará de um círculo, algo que jamais se viu na natureza; se lhe perguntarmos sobre um círculo verde ou um círculo de ferro, ela hesita. O mesmo se dá com as artes. A pintura, ao equiparar deploravelmente o brilho do sol ao branco de chumbo, abre mão da verdade da cor, como já havia desistido do volume e do movimento, e, ao invés de disputar com a natureza, arranja uma paleta de tintas harmoniosas. A literatura, acima de tudo em sua forma mais típica, a forma da narrativa, também foge ao desafio direto, buscando em vez disso um objetivo independente e criativo. Se é que imita algo, ela imita não a vida, mas a fala, não os fatos do destino humano, mas as ênfases e supressões com as quais o ator humano fala deles. A verdadeira arte que lidou diretamente com a vida foi a dos primeiros homens que contaram suas histórias em torno da fogueira selvagem. Nossa arte está preocupada, e está fadada a se preocupar, não tanto em fazer com que as histórias sejam verdadeiras, mas típicas, não tanto em captar os contornos de cada fato, mas em direcioná-los todos ao mesmo fim. Ela substitui a confusão de impressões, poderosas porém discretas, que a vida nos apresenta por uma série de impressões artificiais, representadas muito frouxamente, mas visando o mesmo efeito, exprimindo a mesma ideia, ressonando juntas como notas consoantes na música ou como tintas *dégradées* em uma boa pintura. Todos os capítulos, todas as páginas, todas as frases de um romance bem-escrito ecoam uma e outra vez seu único pensamento criativo e controlado; é para isto que todo incidente e todo personagem devem contribuir; o estilo deverá ter sido forjado em uníssono com isso; e, se houver em algum lugar uma palavra que divirja disso, o livro seria mais forte, mais claro e (quase disse) mais completo sem ela. A vida é monstruosa, infinita, ilógica, abrupta e pungente; uma obra de arte, em comparação, é pura, finita, autossuficiente, racional, fluida e emasculada. A vida se impõe pela energia bruta, como o trovão inarticulado; a arte captura o ouvido, em meio a barulhos mais altos da experiência, como uma melodia artificialmente criada por um músico discreto. Uma proposição geométrica não compete com a vida, e uma proposição geométrica é um paralelo justo e iluminador para uma obra de arte. Ambas são razoáveis, nenhuma faz jus ao fato nu e cru; ambas são inerentes à natureza, nenhuma a representa. O romance, que é uma obra de arte, existe não por sua semelhança com a vida, que é inevitável e material, como um sapato que não pode prescindir do couro, mas por sua incomensurável diferença, intencional e significativa, que é o método e o sentido da obra.

A vida do homem não é o tema dos romances, mas o inesgotável magazine de onde os temas são pinçados; o nome deles é legião; e a cada novo tema – aqui, mais uma vez, tenho de discordar completamente do Sr. James – o verdadeiro artista há de variar seu método e mudar o ângulo de ataque. O que era excelente em um caso será um defeito em outro, o que fez o sucesso de um livro será impertinente ou chato em outro. Em primeiro lugar, cada romance, depois cada tipo de romance, existe em si e para si. Tomemos, por exemplo, três tipos bem distintos: primeiramente, o romance de aventura, que apela a certas tendências quase sensuais e bastante ilógicas nos homens; em segundo lugar, o romance de personagem, que apela à nossa apreciação intelectual das fraquezas humanas, de suas razões diversas e inconstantes; em terceiro lugar, o romance dramático, que lida com a mesma matéria do teatro sério e apela à nossa natureza emocional e nosso julgamento moral.

Comecemos pelo romance de aventura. O Sr. James menciona, com generosidade singular no elogio, um livrinho sobre uma busca por um tesouro escondido, mas deixa escapar, de passagem, algumas palavras um tanto surpreendentes. Neste livro, ele sente falta do que chama do "luxo imenso" de poder pelejar com seu autor. O luxo, para quase todos nós, consiste em suspender nosso julgamento, em nos deixar arrastar pela trama como se fosse um vagalhão e despertar, começar a discernir e encontrar falhas apenas quando a história acaba e deixamos o livro de lado. Ainda mais digna de nota é a argumentação do Sr. James. Ele não pode criticar o autor "pois", diz, comparando esta obra à outra, "já fui criança, mas nunca saí em busca de um tesouro enterrado". Eis aqui um paradoxo irredutível, porque, se ele nunca saiu em busca de um tesouro enterrado, está provado que nunca foi criança. Nunca houve uma criança (salvo o mestre James) que não saiu à caça de ouro, foi pirata, comandante militar e bandido das montanhas, que não lutou, naufragou, foi presa, manchou suas mãozinhas de sangue, galantemente reverteu uma batalha perdida e triunfantemente protegeu a inocência e a beleza. Em outras passagens de seu ensaio, o Sr. James protestou com razão contra uma concepção de experiência demasiadamente estreita; para o artista nato, ele argumenta, "a mais ínfima sugestão de vida" é convertida em revelação, e é verdade, creio eu, na maior parte dos casos, que o artista escreve com mais gosto e estilo sobre as coisas que ele apenas sonhou em fazer do que sobre as que realmente fez. O desejo é um telescópio maravilhoso e Pisga, o melhor observatório. Agora, se é verdade que nem o Sr. James nem o autor da obra em questão jamais saíram, no sentido carnal, atrás de ouro, é provável que ambos tenham desejado ardentemente e imaginado em detalhes como seria tal vida em seus devaneios de juventude. O autor, contando com isso e ciente (homem astuto e vulgar!) que este tipo de interesse, já que foi abordado com tanta frequência, encontra um acesso imediato e um caminho já trilhado rumo às simpatias do leitor, se dedica a construir e a validar este sonho de menino. Para o menino, o personagem é um segredo impenetrável; um pirata é uma barba em calças folgadas, literalmente coberto de pistolas. O autor, em nome da validação e por que ele mesmo estava mais ou menos crescido, admitiu personagens, até certo limite, em seu projeto; mas apenas até certo limite. Se os mesmos títeres figurassem em um esquema de outro tipo, serviriam a propósitos muito diferentes; neste romance de aventura elementar, os personagens precisam apresentar apenas um tipo de qualidade – guerreira e formidável. Se forem insidiosos na trapaça e fatais no combate, terão cumprido seu dever. O perigo é a matéria de que tratam estes romances; o medo, a paixão de que escarnecem; e os personagens são retratados apenas na medida em que dão vida ao sentido de perigo e incitam a impressão do medo. Acrescentar outras características, ser esperto demais, soltar o coelho do interesse moral ou intelectual enquanto estamos correndo com a raposa do interesse material não é enriquecer, mas aniquilar sua história. O leitor estúpido só se ofenderá, o leitor inteligente perderá o fio da meada.

O romance de personagem difere de todos os outros no sentido de que não requer nenhuma coerência no enredo e, por isso, como é o caso de *Gil Blas*, é às vezes chamado de romance de aventura. Ele gira em torno dos humores das pessoas representadas; estes, decerto, ganham corpo com os incidentes, mas os incidentes, sendo tributários dos personagens, não precisam progredir; e os personagens podem ser mostrados de forma estática. Assim como entram, podem sair; devem ser consistentes, mas não é necessário que evoluam. Aqui, o Sr. James reconhecerá o tom de boa parte de seu próprio trabalho: ele lida, em geral, com a estática do personagem, estudando-o em repouso ou levemente em movimento, e, com seu habitual instinto artístico delicado e rigoroso, evita as paixões fortes que deformariam as atitudes que ele adora analisar, e que transformariam seus modelos de humores da vida ordinária em tipos puros e forças brutas dos estados mais emocionais. Em seu recente *Author of Beltraffio*, concebido com tanta exatidão, tão destro e caprichado na fatura, ele de fato recorre à paixão forte. Mas note que ela não é mostrada. Até mesmo na heroína, o labor da paixão é suprimido, e a grande batalha, a verdadeira tragédia, a *scéne-à-faire* se passa detrás dos painéis de uma porta trancada. A deliciosa invenção do jovem visitante serve, conscientemente ou não, a este fim: que o Sr. James, fiel a seu método, possa evitar a cena da paixão. Espero que nenhum leitor me acuse de subestimar esta pequena obra-prima. Apenas quero dizer que ela pertence a uma bem determinada classe de romances, e que seria concebida de forma totalmente diferente caso pertencesse à outra, sobre a qual falarei doravante.

Gosto de chamar o romance dramático por este nome porque me permite tocar de passagem num mal entendido estranho e peculiarmente inglês. Às vezes se supõe que o drama é feito de incidentes. Ele é feito de paixão, e dá ao ator sua grande oportunidade. Essa paixão deve aumentar progressivamente, se não o ator, conforme a obra progride, seria incapaz de levar a plateia de um menor a um maior grau de interesse e emoção. Uma boa peça séria deve, portanto, se basear em uma das *cruces* passionais da vida, nas quais o dever e a inclinação são nobremente chamados ao combate, e o mesmo se dá com o que chamo, por tal motivo, de romance dramático. Vou listar alguns espécimes notáveis em nossa língua nos dias de hoje: *Rhoda Fleming*, de Meredith, um livro maravilhoso e sofrido, há muito esgotado e caçado em livrarias como um manuscrito aldino, *A Pair of Blue Eyes*, de Thomas Hardy, e dois livros de Charles Reade, *Griffith Gaunt* e *The Double Marriage*, originalmente intitulado *White Lies* e baseado (por um acaso estranhamente favorável à minha nomenclatura) em uma peça de Maquet, parceiro do grande Dumas. Neste tipo de romance, a porta trancada de *The Author of Beltraffio* deve ser escancarada; a paixão deve entrar em cena e ter a última palavra, a paixão é a quinta-essência, a intriga e a solução, a protagonista e o *deus ex machina* a uma só vez. Pouco importa como os personagens vêm ao palco, o ponto é que, antes de sair de cena, devem ser transfigurados e alçados para fora de si pela paixão. Pode ser parte do projeto que os personagens sejam descritos em detalhes, retratados da cabeça aos pés, apenas para vê-los derreter e mudar na fornalha das emoções. Mas nada obriga a isso. Um belo retrato não é necessário, podemos nos contentar com tipos abstratos, desde que se emocionem intensamente e com sinceridade. Um romance como este pode mesmo ser um grande romance sem ter qualquer figura individual; pode ser grande por que mostra os meandros de um coração perturbado e a voz impessoal da paixão, e, num artista deste último tipo, é de fato mais provável que o romance seja grande quando a questão for tão reduzida que toda a força do escritor possa se dirigir apenas à paixão. A inteligência, que está em casa no romance de personagem, será mais uma vez barrada neste teatro mais solene. Um tema descabelado, uma evasão engenhosa, uma sacada espirituosa em vez de passional nos ofendem como se fossem mentiras. Tudo deve ser claro e direto ao ponto, até o fim. Eis por que, em *Rhoda Fleming*, a senhora Lovel melindra o leitor; suas razões são muito frágeis, seus modos demasiadamente equivocados diante do peso e da força do entorno. Daí a indignação do leitor quando Balzac, após ter começado a *Duquesa de Langeais* na chave da paixão forte, ainda que um pouco exaltada demais, desenrola a intriga através da sonância do relógio do herói. Tais personagens e incidentes pertencem ao romance de personagem, estão fora do lugar na alta sociedade das paixões. Quando as paixões são introduzidas na arte em toda sua potência, queremos vê-las não frustradas e lutando sem resultados, como na vida, mas pairando acima de tudo, como substitutas do destino.

Aqui, imagino que o Sr. James intervirá, com sua lucidez de costume. Ele ficaria relutante em relação a muito do que disse; e aceitaria, com alguma impaciência, outro tanto, mas não é o que ele gostaria de dizer ou o que ele gostaria que dissessem. Ele falou sobre a pintura terminada, e o quanto vale uma vez pronta; eu, das pinceladas, da paleta, da luz do norte. Ele expressou seus pontos de vista no tom e para os ouvidos da boa sociedade; eu, com a ênfase e as tecnicidades do aluno inoportuno. Mas o que está em questão não é divertir o público, e sim oferecer conselhos úteis ao jovem escritor. E o jovem escritor não ganhará tanto com quadros agradáveis que retratam o que uma arte deve aspirar em seu ápice quanto com uma boa imagem do que pode ser em seu nível mais elementar. O melhor que podemos dizer a ele é o seguinte: que eleja um tema, seja de personagem ou de paixão; que construa cuidadosamente sua trama de modo que cada incidente seja uma ilustração do tema e que cada recurso empregado esteja em relação íntima de congruência e contraste com ele; que evite uma subtrama, a não ser que, como às vezes em Shakespeare, a subtrama seja uma inversão ou um complemento da intriga principal; que não deixe que o estilo esteja abaixo do nível do argumento; que afine o tom da conversação não tendo em mente como se fala nos salões, mas mirando apenas o grau de paixão que pode eventualmente ter de expressar; que não diga uma frase sequer ao longo da narrativa que não seja parte do problema central da história ou o discuta, nem permita que um dos personagens faça isso em um diálogo. Que ele não se arrependa se isso encurtar seu livro, será melhor assim, pois ajuntar coisas irrelevantes não é alongar um livro, mas enterrá-lo. Que ele não se importe se tiver de abrir mão de mil qualidades, para que possa seguir perseguindo incansavelmente aquela que escolheu. Que ele não se preocupe muito se perder o tom da conversação, o pungente detalhe material dos costumes da época, a reprodução fiel da atmosfera e do ambiente. Estes elementos não são essenciais: um romance pode ser excelente e não conter nenhum deles; uma paixão ou um personagem serão mais bem retratados se resultarem de circunstâncias materiais. Nesta era do particular, deixe que ele se lembre das eras do abstrato, dos grandes livros do passado, dos bravos homens que viveram antes de Shakespeare e de Balzac. E, na raiz de toda a questão, que ele tenha em mente que seu romance não é uma transcrição da vida, a ser julgado em relação à sua exatidão, mas uma simplificação de um lado ou aspecto da vida, que emplacará ou não de acordo com sua simplicidade significativa. Pois ainda que o que observamos e admiramos quando grandes homens trabalham grandes temas seja via de regra sua complexidade, debaixo das aparências, a verdade permanece a mesma: a simplificação é seu método, a simplicidade é sua excelência.

CORRESPONDÊNCIA ENTRE JAMES E STEVENSON

[1] JAMES A STEVENSON
Bolton St., 3, West London
5 de dezembro [1884]

Meu caro Robert Louis Stevenson,
    Foi apenas ontem à noite que li seu ensaio na *Longman's* de dezembro, sua resposta cordial ao meu artigo no mesmo periódico sobre a conferência de Besant, e o resultado dessa encantadora meia hora é um desejo caloroso de lhe enviar algumas palavras. Não palavras de objeção, discordância, revide ou protesto, mas de sincera simpatia, plenas de meu apreço por tudo o que você escreve. É um luxo, nesta era imoral, encontrar alguém que *escreve* – que realmente tem familiaridade com essa arte adorável. Não seria justo bater-me com você aqui; além disso, nós mais concordamos, creio eu, do que discordamos, e ainda que haja pontos sobre os quais um espírito mais impetuoso que o meu gostaria de pelejar, não é isso o que eu desejo – quero, ao contrário, lhe agradecer por tudo o que há de feliz e de sugestivo em suas observações – notadas com tanta perspicácia e ditas com tanto brilhantismo. Suas observações estão repletas dessas coisas, e o fluxo de seu estilo admirável não para de produzir pérolas e diamantes. Suas palavras finais são

excelentes, e ninguém concorda mais do que eu com sua tese de que toda arte é simplificação. É um prazer ver tal verdade proferida com tanta clareza. Minhas páginas na *Longman's* eram simplesmente um apelo à liberdade: eram apenas metade do que eu tinha a dizer, e algum dia tentarei expressar o restante. Só então voltarei a provocá-lo, de passagem. Você dirá que minha "liberdade" é uma divindade obesa, que faz exigências extraordinárias; mas direi apenas uma última coisa, antes de me calar. Eu me delicio com a *alegria* natural de tudo o que você escreve, e quando penso que ela provém de um homem que a vida obrigou a passar grande parte do tempo numa cama (se entendi direito), eu o julgo de fato um gênio. Você certamente encontra prazer nisso também. Pego notícias suas com Colvin* toda vez que o vejo, e vou pedir a ele que lhe entregue estas palavras. Sou, com meus inumeráveis e melhores votos, cordialmente seu,

Henry James

[2] STEVENSON A JAMES
Bonallie Towers, Branksome Park, Bornemouth
8 de dezembro [1884]

Meu caro Henry James,

Foi com enorme prazer que recebi suas palavras, e por vários motivos. O primeiro é a esperança de que haja uma

---

* Sidney Colvin (1845-1927) foi professor de história da arte em Cambridge e depois conservador do British Museum. Foi ele quem introduziu o jovem Stevenson ao meio literário londrino e primeiro editou e publicou sua correspondência. Em 1895, publicou *The Vailima Letters*; em 1899, *Letters to Family and Friends*, e, em 1911, *The Letters of Robert Louis Stevenson*.

sequência. Foi para isso que me empenhei. A verdade é que, devido à escassez de informação e interesse sério na arte da literatura, aqueles que tentam praticá-la a valer correm o risco de não encontrar público adequado. As pessoas supõem que se interessam pela "matéria"; creem, por exemplo, que o refinamento das ideias e dos sentimentos em Shakespeare impressiona por si só, e não se dão conta de que o diamante bruto não passa de uma pedra. Acham que situações memoráveis ou bons diálogos são obtidos a partir do estudo da vida; não conseguem entender que essas coisas são obtidas por meio do artifício deliberado e realçadas por dolorosas supressões. Ora, eu quero ventilar as coisas, para a minha educação e a do público; e lhe imploro que reflita o quanto antes, que tire proveito de minha derrota nas circunstâncias em que discordamos e (para evitar a zombaria dos leigos) que enfatize os pontos sobre os quais concordamos. Estou certo de que seu artigo me apontará o caminho para uma resposta; e espero poder responder com habilidade suficiente para seduzi-lo ou arrancá-lo do silêncio que você ameaçou. Não pediria nada melhor do que passar minha vida a debulhar esse trigo em sua companhia.

Ponto II – fico de fato exultante ao ouvi-lo falar com tanta simpatia de meu trabalho; exultante e surpreso. Eu me sinto um campônio muito tosco e canhestro, indigno de ser lido, muito menos de ser elogiado, por alguém tão refinado, tão destro, tão engenhoso como você. Você felizmente jamais poderá entender o desespero com que um escritor como eu encara (digamos) a cena do parque em *Lady Barberina*.* Cada toque me surpreende por sua precisão intangível; e o efeito final,

---

* Conto publicado na *Century Magazine* em 1883, e no volume *Tales of Three Cities* (1884).

leve como um *syllabub*,* nítido como uma pintura, me enche de inveja. Cada qual persegue sua própria meta, e eu persigo a minha; mas, quando se trata de acabamento, eu me sinto, comparado a você, um trapalhão de primeira linha.

Quando discordamos, tanto no desenho das histórias como no traçado dos personagens, só posso lamentar. É claro que não sou estúpido a ponto de lhe pedir que deixe seu caminho; mas será que você não poderia, num romance, para agradar a um admirador sincero, e para enriquecer suas prateleiras com um volume amado, será que você não poderia, será que você não gostaria de confeccionar seus personagens num molde um pouco mais abstrato e convencional (a cara Sra. Pennyman** já tinha, dentre seus outros trabalhos, um sabor disso que eu quero dizer), dar às peripécias um tom, não diria mais forte, mas um pouco mais enfático – como num episódio de um dos velhos romances de aventura? Temo que não; e suponho que devo, com um suspiro, admitir que você tem razão. E, porém, quando entrevejo, por exemplo, um livro como *Tom Jones* trabalhado com sua maravilhosa precisão e repleto daquelas reflexões oblíquas nas quais você é mestre, é com pesar que renuncio a essa visão tão grata. Pense nisso.

Como você sabe, eu pertenço à categoria dos aparvalhados, os inválidos: isto me impede de fazer visitas. Mas quem sabe uma hora você julgue agradável passar um dia perto do mar e entre os pinheiros, longe da cidade, para variar. Se for o caso, por favor, avise-nos, e eu e minha mulher ficaremos encantados em recebê-lo, e lhe daremos o melhor que pudermos

---

* Sobremesa inglesa criada na época da dinastia Tudor e muito popular entre os séculos 16 e 19; era feita com leite coalhado, açúcar e vinho, que eventualmente era substituído por conhaque ou por xerez.

** A Sra. Penniman (grafia correta) é personagem de *Washington Square* (1881).

para comer e beber (tenho uma garrafa honesta de claret). Com o que creia-me, sinceramente, seu,

Robert Louis Stevenson

PS: Retomo esta carta para dizer que reli meu artigo e não estou convencido de que tenha sido acurado ou cortês. Eu sabia, é claro, que estava me valendo de seu artigo para pendurar nele meus próprios comentários; mas, ai de mim!, o que é um artigo? Quantos comentários sutis você não poderá pendurar no meu! Como pequei contra a proporção e contra os rudimentos da cortesia, apesar de todo esforço na direção contrária! Você é de fato um leitor muito perspicaz ao adivinhar minha real intenção; e posso apenas concluir, não sem fechar os olhos e encolher os ombros, com as palavras gastas:
Em guarda, pois, Macduff!*

[3] JAMES A STEVENSON**
Londres [1885]

Caro Stevenson,
Vou descer sábado à tarde – ficarei no hotel Highcliffe –, para passar o domingo e a segunda com vocês, como outrora, assim que tiver engolido uma costeleta. Mal posso esperar pelo nosso reencontro. Archer vai bem, e é de fato muito inteligente. Acabo de me dar conta de que jamais lhe *enviei* a última versão dos *Bostonians*, que segue aqui. Lembranças a sua cara esposa.

H. James

---

* No original, *Lay on, Macduff* (Macbeth, V, 8). Tradução de Manuel Bandeira.
** Beinecke Library, manuscrito 4922.

[4] STEVENSON A JAMES
19 de maio [1885]

Henry James*

Ave!

Quem vem esta noite? Abrimos as portas em vão.
Quem vem? Minhas paredes em chamas poderão aplacar
as presenças aos montões
na passagem estreita, como flores e canções,
como o próprio ar da vida, o alento do que entoam?
Vejam como as mulheres imaculadas acompanham
seu jucundo criador; e vemos, um pouco de lado,
De Mauves, e, de outro gravado,
Gressie, a esfinge trivial; e para nossa festança
Daisy, *Barb* e *Chancellor* (que tem sua importância!)
tal parentes etéreas, de seda ornadas,
apresentam-se, angelicais e inesperadas.
Mas ele, de tantos nomes brilhantes seguido,
vem (melhor ainda) ele mesmo, nosso James querido.**

---

* Este poema foi escrito por Stevenson em 1885 e publicado em *Underwoods* (1887). Os nomes em itálico são das heroínas de James nas seguintes histórias: *Madame de Mauves*, *Georgina's Reasons*, *Daisy Miller*, *Lady Barberina* e *The Bostonians*.

** Who comes to-night? We open the doors in vain.
Who comes? My bursting walls, can you contain
The presences that now together throng
Your narrow entry, as with flowers and song,
As with the air of life, the breath of talk?
Lo, how these fair immaculate women walk
Behind their jocund maker; and we see

[5] JAMES A STEVENSON*
Bolton St., 3, West London
31 de julho [1885]

Caro Stevenson,

Um jovem americano encantador, meu amigo, lhe entregará este bilhete; eu pedi a ele que fosse vê-lo quando saísse de Lyndhurst, e ele planeja ficar um pouco, para lhe contar minhas novidades e também tomar sérias notas em Skerryvore** para meu contentamento – e para o dele. Ele se chama John Jay Chapman; é de Nova York e é muito inteligente, amável e talentoso. Gosto muito dele, e você também vai gostar. Deixe apenas que ele vá vê-lo; creio que poderá até jogar soldadinhos de chumbo com você, se você estiver atrás de um adversário.

Do seu fiel, sempre,

Henry James

Slighted *De Mauves,* and that far different she,
Gressie, the trivial sphynx; and to our feast
Daisy and *Barb* and *Chancellor* (she not least!)
With all their silken, all their airy kin,
Do like unbidden angels enter in.
But he, attended by these shining names,
Comes (best of all) himself – our welcome James.

* Beinecke Library, manuscrito 4923.
** Nome dado por Stevenson à sua residência em Bournemouth, em homenagem ao célebre farol construído por seu avô e seu tio na costa norte da Escócia.

[6] JAMES A STEVENSON*
Bolton St., 3, Piccadilly West [Londres]
10 de setembro [1885]

Meu caro Robert Louis,

Quando ouço, como esta manhã, de Sargent** (de quem não tinha nenhuma notícia desde a visita que ele lhe fez) que você esteve mal (e, temo, gravemente), sinto mais que nunca que fui inacreditavelmente bruto por não ter escrito. Mas os motivos do meu silêncio são simples. Sabia que seria um desgaste e uma fadiga para você responder uma carta, e não queria que parecesse que eu lhe exigia este tipo de esforço. Se ao menos soubesse que você estava de cama teria feito pouco caso desses escrúpulos refinados! Mesmo agora não quero que você ache que estou lhe interrogando ou impondo à sua miséria o fardo de ter que produzir um manuscrito não remunerado sobre esse assunto. Mas talvez sua mulher possa, por lazer (ela sorrirá quando vir que atribuí esta palavra a ela), me relatar brevemente algumas coisas. Está tudo arranjado para que eu vá a Paris amanhã (por quatro ou cinco semanas); e, não fosse por isso, iria imediatamente até aí, para inquiri-lo com meus olhos e ouvidos, e com meu coração. Sargent fala muito pouco sobre seu caso, pois evidentemente supõe que eu saiba tudo a seu respeito (o ingênuo Sargent!), mas pareceu indicar que você teve um verão muito pior do que esperávamos quando parti de Bournemouth. Deixe-me crer, ao menos, até que ouça o contrário, que você está em plena recuperação novamente e que está cercado de bons

---

* Beinecke Library, manuscrito 4924.
** John Singer Sargent (1856-1925), pintor americano. Em 1885, foi a Bournemouth para pintar dois retratos de Stevenson, encomendados por Charles Fairchild e sua esposa, de Boston.

presságios. Em todo caso, meu caro Stevenson, minhas mais calorosas simpatias estão com você, e com sua mulher também, que, desconfio, deve ter andado aflita e esgotada – no mesmo grau em que sei que foi brilhantemente devotada. Passei o mês todo aqui, tentando avançar no folhetim grosseiro para a *Atlantic*,* que ouço arfar nos meus calcanhares. Assim que voltar de Paris, irei ver você: é uma promessa. Lembro, com toda sorte de ornamento romântico e glamour retrospectivo (ainda que supérfluo) dos nossos encontros no início do verão, em que até Bogue** figura como personalidade sedutora. Essas oscilações, meu caro Stevenson, são meros *flamboiements* de gênio, e sua estrela é fixa, e eu creio nela. Espere por mim em uma data próxima, e creia-me sempre afetuoso a você e a sua mulher,

Henry James

[7] STEVENSON A JAMES***
Skerryvore, Bournemouth
28 de outubro [1885]

Meu caro Henry James,

Por fim, minha mulher num concerto e com uma história terminada,**** tenho alguma liberdade para lhe escrever e partilhar minhas opiniões com você. Em primeiro lugar, muitíssimo obrigado pelas obras que chegaram ao meu leito de

---

* *The Princess Casamassima* foi publicado em folhetim na *Atlantic Monthly* entre setembro de 1885 e outubro de 1886, e depois saiu em livro em 1886.
** O cachorro de Stevenson.
*** BOOTH; MEHEW, vol. V, p. 144.
**** Provavelmente *Dr. Jekyll and Mr. Hyde*, que foi enviada à *Longman's* no fim de outubro.

doente. Segundo, e mais importante, *The Princess**. Bem, acho que agora você vai acertar a mão; não tenho como adivinhar, mas esses dois primeiros números me parecem sólidos, bem pintados e torneados, realmente um novo rumo. Quanto à sua jovem dama, ela está toda lá; sim, senhor, parece mesmo que você pode retratar a arraia-miúda. A prisão estava excelente; era esse tipo de toque que às vezes me fazia uma falta de doer em seus trabalhos anteriores: alguma sujeira, quero dizer, e aquele tanto de esqueleto que há na natureza. Por favor, tome sujeira no bom sentido; ela não precisa ser ignóbil; o que é sujo pode ter sua dignidade; na natureza, ele geralmente tem; e sua prisão está um espanto.

E agora ao que interessa: por que não o vemos? Não nos abandone. Faça um sacrifício tremendo e deixe-nos ver "a poltrona de Henry James" devidamente ocupada. Eu mesmo nunca me sento nela (apesar de ela ter pertencido a meu avô); depois do seu aval, ela foi consagrada às visitas, e agora está aqui ao meu lado, deserta. Temos um novo cômodo, também, para lhe apresentar – nosso filho mais novo, a sala de visitas; não chora nunca e já tem seus primeiros dentes. E agora também há um gato, inconsciente de seu destino**, aguardando a faca do castrador. Você o verá quando seu ferrão já tiver sido extraído, não antes. Ele promete ser um monstro de preguiça e autossuficiência.***

Não deixe de ver na *Time* (nome terrível para uma revista de leitura ligeira) de novembro um sujeito espirituoso, W. Archer,**** falando sobre mim – o "atleta-esteta" viçoso; ele

---

* *The Princess Casamassima*.
** Referência a Thomas Gray, *Ode on a Distant Prospect of Eton College*.
*** Colvin suprimiu o trecho sobre a castração do gato em sua edição.
**** William Archer (1856-1924) publicou "R. L. Stevenson: His Style and Thought" na *Time* de novembro de 1885.

me adverte paternalmente que uma febre reumática poria em xeque minha filosofia (como de fato poria) e que meu evangelho não serviria para "aqueles que foram banidos do exercício de qualquer virtude viril que não a renúncia". Para quem conhece o espectro raquítico e recluso, o verdadeiro R. L. S., o artigo, além de engenhoso, tem um quê de ironia. As partes críticas são particularmente brilhantes e caprichadas, e quase sempre muito verdadeiras. Arrume um exemplar de todo jeito.

Ouço, de todos os lados, que serei atacado como um escritor vulgar;* isto é penoso. Será que finalmente cheguei, como você, ao ponto de ser atacado? É a consagração que me faltava – e bem poderia passar sem ela. Não que o ensaio de Archer seja um ataque ou o que tanto ele como eu, creio, chamaríamos assim; me refiro aos ataques à minha moralidade (que pensava ser pedra preciosa).

Agora, meu caro James, venha, venha, venha. O espírito (que sou eu) diz "venha"; a noiva (e essa é minha mulher) diz "venha"; e o melhor que você pode fazer por nós e por você e por seu trabalho é levantar-se e vir agora mesmo.

Afetuosamente, seu,

Robert Louis Stevenson

Henry James, Ilustríssimo,**
Por que tardam as rodas de sua carruagem? Por que tarda a vir?***

F.V. de G.S.

---

* Colvin substituiu a palavra original *bawdy*, traduzida aqui como vulgar, por *immoral*.
** É Fanny quem redige este pós-escrito, excluído da edição de Colvin.
*** No original: *Why tarry your chariot wheels? Wherefore waits the gee?* Referência à Bíblia – Juízes, 5:28. Na edição do King James: *Why is he so long in coming? Why tarry the wheels of his chariot?*

[8] JAMES A STEVENSON*
Bolton St., 3, West London
6 de novembro [1885]

Caro Stevenson,

Há cinco dias, quando ia-me embora de Paris, recebi sua encantadora carta, que prometi para mim mesmo responder assim que chegasse a Londres. Quando, no entanto, ocorreu esse evento notável, estava agonizando com uma dor de cabeça selvagem, que me colocou de cama e me deixou abatido por três dias, e apenas agora me permite dedicar a você algumas trêmulas penadas. Amanhã devo estar recuperado, mas não vou esperar nem até amanhã para dizer com que prazer recebi notícias suas "de próprio punho", como se diz em terras americanas. Estive apreensivo a seu respeito, e agora, no primeiro dia que puder, irei ver com meus próprios olhos *à quoi m'en tenir*. Temo que, por diversos motivos, isso será impossível antes de meados deste mês, mas dou-lhe minha palavra solene e afetuosa que, assim que der, repousarei meu posterior na boa e velha poltrona à beira da lareira. Há uma afinidade essencial entre ele e ela, que anseia por ser satisfeita. Não vou conseguir ficar muito tempo – apenas um momento – mas voltarei em breve. Ainda não fui atrás de *Nine*, mas devo encontrar logo, e vou então entrar por completo na piada, sem dúvida. O pobre Sr. Archer, no entanto, quando o imagina ávido por carnificina e coisas viris, deve apenas ter expressado a ideia que a maior parte de seus leitores encontra em suas páginas; porque o milagre de seu feito é que sua enfermidade não tingiu em nada sua produção literária, e você projeta na página escrita a suges-

---

* Beinecke Library, manuscrito 4925.

tão de um jovem Apolo que desconhece o médico e não deve nada ao farmacêutico. Espero sinceramente que sua dívida não esteja alta nos últimos tempos – que você esteja numa boa fase e que tenha a perspectiva de um bom inverno. Passei oito semanas em Paris, das quais, no entanto, temo não ter nada proporcional para lhe dizer. Encontrei *O príncipe Otto** aqui, graças à sua benevolência, e lhe direi minha impressão sobre ele da vantajosa posição da poltrona de seu avô. Envio-lhe uma prova corrigida da terceira *Princess*. Diga a sua mulher que me jogo aos pés dela, até que possa me ajoelhar ali em carne e osso. Coragem, paciência, meu caro Robert Louis – se bem que não sei por que deveria pregar-lhe virtudes que você possui em quantidade muito maior do que o seu mais fiel,

Henry James

[9] JAMES A STEVENSON**
Bolton St., 3, West London
8 de dezembro [1885]

Caro Robert Louis,

Ontem estive com madame Sitwell*** para ter uma ideia de sua situação. O quadro que ela pintou, com uma multidão de detalhes tocantes, deixou-me com a impressão de que

---

* Publicado na *Longman's* de abril a outubro de 1885, acabara de sair em livro em Londres pela Chatto and Windus.
** Beinecke Library, manuscrito 4926.
*** Stevenson conheceu madame Francis Sitwell (1839-1924) em 1873, e encantou-se por ela logo de cara. Foi ela quem o apresentou a Colvin, de quem era amante. Colvin e madame Sitwell viriam a se casar em 1903, depois que seu primeiro marido morreu.

esta pequena carta não seria inútil – você não a recebeu antes simplesmente porque imaginei que já estaria ocupado demais a tossir e se purgar para ainda ter de decifrar meus hieróglifos. A Sra. Sitwell quer me fazer crer que tais fenômenos cederam, mas não sem alguma inquietação para você e para sua cara esposa e, temo, para nós aqui em Londres *também*. Você tem, no entanto, um dom de "melhorar", que, de todos os seus dons, considero, no geral, o mais precioso, e estou certo de que você está fazendo o que pode para exercê-lo. Não gostei nem um pouco de saber que você se pôs a trabalhar com a Sra. F. Jenkin.* Duvido que você esteja apto a conduzir a dança com uma viúva biográfica; esperemos que a música seja muito lenta.

Desde que voltei à cidade, estive a romancear (oh, a duras penas) e peguei um "apartamento residencial" em Kensington. Mas não consigo me atrelar ao apartamento no sentido de mobiliá-lo, me mudar etc. antes que [...]**

Meu caro Stevenson, não duvide da terna solicitude do seu muito fiel,

Henry James

---

* Fleeming Jenkin, professor da universidade de Edimburgo que teve um papel central nos anos de formação de Stevenson, acabara de falecer, e ele prometeu à viúva, Anne, que escreveria a biografia do esposo. Stevenson tinha muita afeição pelo casal, e se dedicou com afinco à biografia por muitos meses, deixando de lado por um tempo o romance *Raptado*, que tinha acabado de começar.

** A partir deste trecho falta uma parte da carta. James termina com a frase que vem logo abaixo, escrita na primeira página da carta, no sentido do comprimento.

[10] JAMES A STEVENSON*
Bolton St., 3, West London
4 de fevereiro [1886]

Caro Stevenson,

    Não respondi ao seu último e tocante bilhete porque todos os dias eu espero por um milagre que me permita dar um pulo em Bournemouth – queria poder lhe dar uma posição clara. Foi apenas hoje de manhã que ele veio – e agora posso dizer que, se você estiver sozinho na próxima segunda-feira, dia 8, irei correndo até você para ficar 24 horas. Pegarei o trem de manhã bem cedo aqui, e chegarei a Skerryvore logo depois do almoço. No dia seguinte terei que partir cedo o suficiente para poder estar em Londres a tempo de honrar um compromisso para jantar: mas ainda que seja apenas um vislumbre, será, de *part et d'autre*, melhor que nada, e estou tão apinhado nos últimos tempos que não consigo ver quando poderia fazer uma visita mais longa. Tenho muitas coisas para lhe contar. *Só vou se você estiver sozinho*; você faria a gentileza de me escrever ou telegrafar sobre esta questão? Interroguei Colvin, a Sra. Sitwell e Henley** a seu respeito, e o que eu ouvi tende a me agradar. Minhas lembranças afetuosas a sua mulher. Sou o seu, impaciente,

Henry James

---

* Beinecke Library, manuscrito 4927.
** William Henley (1849-1902), poeta, dramaturgo e crítico literário, dirigiu a *London Review*, a *Outbook* e a *National Observer*.

[11] STEVENSON A JAMES*
Skerryvore, Bournemouth
25 de fevereiro [1886]

Meu caro Sr. James,

Um espelho mágico chegou até nós e parece refletir não apenas nossos meros rostos, mas também o rosto querido de um amigo entrelaçado a todos os tipos de boas lembranças. Louis achou que somente versos dariam conta de expressar seus sentimentos a respeito deste lindo presente, mas sua musa, creio eu, não respondeu ainda a seu chamado. Quanto a mim, a quem o dom da canção foi negado da mesma forma como o foi à fêmea do canário, só posso tentar expressar minha gratidão em prosa rasa.

[...]**

Acima, como você certamente notará, está a parede lateral de nossa sala de visitas, cuidadosamente desenhada. A linda obra da Srta. Taylor, os adoráveis cavalos do Sr. Lemon, o espelho mágico, o retrato de Louis por Sargent, e a cópia de Chatterton.

Neste ponto, minha mulher foi (ou deveria ter sido) levada a um asilo.*** Não me rebaixei tanto, porque preservo meus versos. Quando eles se forem de vez, você ouvirá que Skerryvore está fria e que já não faz mais fumaça, e que o espelho reflete apenas as paredes e os móveis. Recuso-me a tentar me exprimir

---

* Carta de Fanny e Stevenson para James. O começo desta carta foi escrito com a letra de Fanny e o restante está redigido com a caligrafia de Stevenson. Esta carta não fazia parte da edição de Colvin, e foi incluída no volume organizado por Smith.

** Aqui entra um desenho que mostra quatro quadros em torno de um espelho.

*** A partir daqui é Stevenson quem continua a carta.

em prosa. Mas não há dúvidas de que você é um ótimo camarada e de que o espelho é encantador. Direi mais quando a Musa permitir, e, por ora, mil agradecimentos do seu, afetuosamente,

(Hen)* *Robert Louis Stevenson*

* Veja como estou tresloucado: comecei a assinar "Henry James": o asilo chama por mim.

R.L.S.

[12] STEVENSON A JAMES
Skerryvore, Bournemouth
7 de março [1886]

Henry James,*

Eis o que diz o espelho:
lá longe no mar, onde os sinos badalam,
dedos mui hábeis me moldaram.
Nas paredes do palácio eu ficava,
enquanto a tal Consuelo cantava;
mas jamais ouvi – e escuto bem –,
uma nota, um trino,
a batida de um sino.
De lá eu olhava,
e em minha superfície cinza, radiantes
eram as faces sob cabeleiras brilhantes.
Pude ver bem a cabeça equilibrada,

---

* Este poema foi publicado, com algumas alterações, em *Underwoods* (1887), com o título *The Mirror Speaks*.

mas os lábios moviam, e nada diziam.
E quando havia luz no salão,
em silêncio se moviam os que dançavam.

Por um tempo bruxuleando fiquei,
e homens e dias empoeirados observei.
Então, hibernando, envolto em palha,
vi apenas galeristas na sala;
até que diante de meus olhos quietos,
alguém que *sabe ver* passou.

Agora, com um charme estrangeiro,
estou em face do fogo que queima,
na sala azul de Skerryvore,
Enquanto espero a porta abrir,
e o príncipe dos homens,
Henry James, de novo surgir.*

---

* Henry James,
This is what the glass says:
Where the bells peal far at sea,
Cunning fingers fashioned me.
There on palace walls I hung
While that Consuelo sung;
But I heard, though I listened well,
Never a note, never a trill,
Never a beat of the chiming bell.
There I hung and looked; and there
In my gray face, faces fair
Shone from under shining hair.
Well I saw the poising head,
But the lips moved and nothing said.
And when lights were in the hall,
Silent moved the dancers all.

[13] JAMES A STEVENSON*
De Vere Mansions, 13, West London
Abril [1886]
Sábado pela manhã

Meus caros!

 Estou absolutamente encantado e irei, se for humanamente possível, e se eu puder me desincumbir dum outro compromisso, abraçá-los esta tarde. Se não for, jogarei uma ficção aos cachorros (na verdade, deveria dedicar-me com afinco a ela) e deixarei a visita para amanhã, dia de Sabbath, pela manhã. Também irei ter com Colvin à noite, na esperança de conseguir uma fração de refração sua. Rezo para que vocês estejam muito bem, e sou o seu fiel,

James

O bilhete de vocês acaba de chegar, encaminhado de meu antigo endereço.

So awhile I glowed; and then
Fell on dusty days and men.
Long I slumbered packed in straw,
Long I none but dealers saw;
Till before my silent eye
One who Sees came passing by.

Now with an outlandish grace,
To the sparkling fire I face
In the blue room at Skerryvore;
Where I wait until the door
Open, and the Prince of Men,
Henry James, shall come again.

* Beinecke Library, manuscrito 4928.

[14] JAMES A STEVENSON*
Londres, De Vere Mansions West, 13
16 de julho [1886]

Meu caro Robert Louis,

Desde que lhe escrevi, há 48 horas, fui cercado pelas armadilhas de Londres e *terça-feira* que vem, 20, será de fato o primeiro dia em que conseguirei me liberar. Então pegarei um trem bem cedo e passarei o resto do dia e a quarta-feira com vocês. Aguente firme até lá e creia-me seu sempre atrasado, mas jamais derrotado,

Henry James

[15] STEVENSON A JAMES**
Skerryvore, Bournemouth
29 de julho [1886]

Meu caro James,

Este número*** é brilhante mais uma vez – como todos; e Hyacinth e o príncipe são Ma-ra-vi-lho-sos, meu senhor, maravilhosos. Eu exultava enquanto o lia; Regozijo-me com aquela cena; é, Oh, tão espirituosa! E interessante como um romance – ouça bem! – quero dizer, interessante como um romance nunca é.

Leia o *Raleigh* do Gosse:**** de primeira.

Do seu,

R.L.S.

---

* Beinecke Library, manuscrito 4929.
** Esta carta não fazia parte da edição de Colvin, e foi incluída no volume organizado por Smith.
*** A edição de agosto de 1886 da revista *The Atlantic Monthly*, que trazia o décimo segundo capítulo do romance *The Princess Casamassima*.
**** Edmund Gosse (1849-1928), poeta, historiador, crítico literário e biógrafo, ajudou Stevenson a publicar seus dois primeiros livros. Gosse também foi amigo e confidente de James.

[16] JAMES A STEVENSON*
De Vere Mansions, 13, West London
30 de julho [1886]

Meu bom Louis,
　Você obedeceu a um impulso iluminado e piedoso ao me enviar palavras de encorajamento em relação a *Princess*. Que a última parte tenha lhe causado palpitações é mais do que eu podia esperar – temia que a qualidade tivesse se retirado dali. Isto me dá alguma esperança de que o restante possa ser, se não melhor, pelo menos não essencialmente pior do que estas páginas de agosto – e que eu possa chegar a porto sem naufragar – ou ao menos sem perder a vida.
　Vi várias críticas sobre seu livro, e lhe enviei uma ou duas. São todas admirativas em alto grau – mas são parcas em sabor e apreciação. Assim é, no entanto, a crítica contemporânea. Imagino que tenham chegado mais notícias boas de Sam** – mas *eu* não vejo nenhum iate apontando no horizonte. As melhores saudações à sua boa esposa.
　Do seu, sempre,

　　　　　　　　　　　　　　　　　　　　H. James

O que *ouço* sobre *Raptado* é um entusiasmo geral.

---

* Beinecke Library, manuscrito 4930.
** Samuel Lloyd Osbourne (1868 – 1947), enteado de Stevenson, tinha andado muito mal de saúde, mas apresentou melhoras depois de um dia no iate da senhora Jenkin.

[17] JAMES A STEVENSON*
De Vere Gardens, 34, West
5 de novembro [1886]

Meu caro Robert Louis,

Preciso lhe dar um bom dia esta manhã e lhe explicar que não o abandonei. Não sou falso nem frio – embora *esteja* resfriado, pela primeira vez, e a pior, em dois anos! Há uma semana, passei para vê-lo, mas você não podia me receber, e sua mulher não estava. No dia seguinte, fui para o campo, onde fiquei por quatro dias, e voltei terrivelmente *enrhumé*, como já foi mencionado. Isso me impossibilitou de ir vê-lo, e desde quarta-feira tenho mantido certa distância de Bloomsbury. Estou melhor, mas não estou bem, não bem o suficiente para levar minha influência malévola a seu ser sensível. Não chegarei nem perto de você até que eu esteja imaculado – o que acontecerá nos primeiros dias da semana que vem. Nesse ínterim, estou tristemente no escuro a seu respeito. Peço aos céus que você não esteja sofrendo, ainda que um dia como este não lhe diga muita coisa. Estou impaciente por notícias suas e, no fim, talvez tente, hoje à tarde, encontrar sua mulher, a quem, por favor, transmita as mais afetuosas lembranças do seu fiel,

Henry James

---

* Beinecke Library, manuscrito 4931.

[18] JAMES A STEVENSON*
Londres, De Vere Gardens, 34
12 de novembro [1886]

Meu pobre e caro Louis,

Aqui estão três livros – dou-lhe as *prémices* dos capa-amarelas:** ainda não os li. Mesmo assim, recomendo-os a você *de confiance* – que vai julgá-los mais ou menos abomináveis ou inteligentes. Não ouso perturbá-lo com perguntas sobre você, vou poupá-lo, já que amanhã verei sua mulher. Em breve, espero que você possa me suportar por dez minutos sem risco – eu, que sou tão inócuo. Você não perde muito com seu confinamento nesses dias de lodo e miséria – e quanto a esquecê-lo, quanto menos o vemos, mais vívido você se torna. Não que nós abdiquemos de você quando o *vemos* – mas é que você é inextinguível. Melhore pouco a pouco – e isso será para o bem geral. Você pode trabalhar nisso até no leito, para a satisfação particular do seu amigo muito fiel,

Henry James

---

* Beinecke Library, manuscrito 4932.
** Alusão aos romances de capa amarela, sensacionalistas e baratos, assim chamados em função da cor de suas capas (*Webster's Revised Unabridged Dictionary*, publicado em 1913 por C. & G. Merriam Co).

[19] JAMES A STEVENSON*
Londres, De Vere Gardens, 34, West
1 de dezembro [1886]

Meu caro Louis,

No dia em que você fugiu de Londres, eu me apresentei no museu (algumas horas depois) e ouvi do venerável George o relato do bravo feito – acrescido de centenas de detalhes picantes e genuínos. Isso tirou meu fôlego, mas aqueceu meu coração, e a temperatura deste órgão vem subindo regularmente desde que soube que você sobreviveu à aventura de uma forma melhor do que podíamos imaginar. Folgo em saber – sua mulher foi muito boa ao avisar minha irmã. Por dias antes de sua fuga eu tentei chegar até você – mas minha viagem e o ar impenetrável foram obstáculos reais. No dia anterior, parti em sua direção a pé – mas pifei em Piccadilly, e só consegui voltar para casa, tateando meu caminho aos trancos e barrancos. Sábado passado fui visitar uns amigos (fiquei até segunda) que moram perto de Southampton e vislumbrei a possibilidade de parar em Bournemouth em meu caminho de volta. Mas a visão dissipou-se à luz de três pensamentos: 1) que, quando eu chegasse lá, talvez você não pudesse nem me ver – ou só pudesse fazê-lo por no máximo dez minutos; 2) que seus pais estariam lá e você poderia estar esgotado demais para outras visitas; 3) eu vou para o exterior amanhã à noite e deveria estar desesperadamente ocupado com cinquenta coisas que tenho de fazer, não sei como, antes de partir. Portanto, meu caro Louis, dou as costas (por alguns meses) a essa bela ilha sem apertar a mão, em despedida, de seu filho mais brilhante. No

---

* Beinecke Library, manuscrito 4933.

entanto, ficarei fora por tão pouco tempo que tal cerimônia seria mero exagero de amizade. Faz mais sentido que eu passe para vê-lo assim que voltar. Peço aos céus, nesse meio tempo, que cuidem especialmente de você. Enquanto estiver lá, espero escrever o artigo para celebrar seu gênio que já há algum tempo prometi à *Century*, e que só não fiz ainda porque eles me disseram à época que, por mais que quisessem muito o artigo, eles não tinham pressa em publicá-lo. Por isso, minha pequena bagagem consiste em grande parte de seus preciosos volumes. Assim que eu enviar meu texto às pessoas da *Century*, elas ficarão tão encantadas que farão uso dele no mesmo instante. Por enquanto, eu me remexo impaciente pelo *recueil* de contos – quero umidificar meu assobio mais uma vez. Conto que essa tarefa me trará prazer infinito. Espero que sua fuga do veneno de Bloomsbury tenha lhe dado um empurrãozinho. Coloco-me aos pés de sua mulher e sou o seu, muito afetuosamente,

Henry James

[20] JAMES A STEVENSON[*]
Florença, Villa Brichiere, Bellosguardo
19 de dezembro [1886]

Meu caro Louis,

    Escrevi para você (um rabisco breve e apressado) antes de sair da Inglaterra, mas isso não muda em nada o fato de que eu tenho que tentar de novo ou, o que é ainda mais problemático, que só me resta recorrer à minha habilidade natural de imaginação para saber como você passou essas últimas três semanas. Peço às musas e a todas as influências místicas que fazem as boas

---

[*] Beinecke Library, manuscrito 4934.

cartas (ou melhor, que praticamente não fazem, hoje em dia) para que sua inestimável cabeça esteja no devido lugar. Daria tudo por três palavrinhas – nem que fosse só isso – de sua mulher *à votre sujet*. Espero sinceramente que a volta a Skerryvore tenha sido a melhor possível. Penso em você com frequência, sua imagem vem e vai nessas perfurações tortuosas que são as ruas de Florença. Estou empoleirado numa colina – numa velha *villa* fantasmagórica que uma amiga sublocou para mim por um mês – acima do domo de Brunelleschi. Estou relendo você e re- -amando você. Você faria a gentileza de enviar isto que ajuntei aqui a W. Archer, que não conheço, mas a quem tomo a liberdade de pedir um *renseignement* em relação ao assunto do artigo altamente imaginativo que ele consagrou a você e a mim alguns meses atrás, e que eu gostaria de examinar novamente. Não sei, no mais, como fazer para lembrar do nome e da data da *Revista*, você poderia me enviá-la – ou me dizer – retomo esta frase – é uma mera tentativa de averiguar quando aquele seu volume de *contos* curtos anunciado há algum tempo vai realmente sair. Quero tê-lo em mãos para o que vou escrever logo mais sobre você (já estou molhando minha pena, assim de repente) e, no entanto, odeio ter de esperar por ele. Bain vai me mandar um exemplar quando sair – mas se houvesse algo como uma versão prévia eu prontamente me lançaria sobre ela. Há boas novas de Sam – e sua mulher já tomou sua decisão? Invoco os poderes superiores para que seus pais já tenham partido de Bournemouth. Queira desculpar minha falta de cerimônia. Ao fazer essas perguntas passo a impressão de querer induzi-lo a dar respostas – e eu ficaria feliz em trazer alguma luz para o escuro em que me encontro. Mas acima de tudo, meu caro Louis, esta carta leva a você e a sua mulher a lembrança mais afetuosa do seu muito fiel,

Henry James

[21] STEVENSON A JAMES*
Skerryvore, Bournemouth
23 de dezembro [1886]**

Todas as saudações!
Meu caro James,
Envio-lhe as duas primeiras páginas do novo volume,*** tudo o que já me ocorreu. O restante virá em breve. Sou de fato um tipo bem aceitável, no fim das contas, trabalhei um pouco; uma história boba de Natal (com algumas traquinices) que não será publicada até sabe-se lá quando.**** Também estou pensando em um volume de versos,***** boa parte deles será cunhado com minha fala natal, aquela linguagem obscura e oracular: suponho que isso seja uma loucura, mas e aí?****** Como diz a

---

* BOOTH e MEHEW, vol. VI.
** Colvin datou esta carta como sendo de janeiro de 1887. Há diferenças na pontuação e em várias passagens em relação ao original. Stevenson escreveu esta carta na página de rosto das provas de The Merry Men.
*** Na edição de Colvin, o livro indicado aqui era Memories and Portraits, erro reproduzido tanto por Smith quanto por Le Bris. Trata-se, na verdade, do livro The Merry Men.
**** The Misadventures of John Nicholson, publicada em dezembro de 1887.
***** Underwoods.
****** Nas décadas de 1860 e 1870, o idioma escocês estava em vias de desaparecer. Stevenson já não conhecia mais ninguém cuja primeira língua fosse o escocês. Para ele, a língua tinha um tom de romance e de espanto. Em um ensaio de 1887 sobre o pastor John Tod, ele diz que "that dread voice of his that shook the hills when he was angry, fell in ordinary talk very pleasantly upon the ear, with a kinf of honied, friendly whine, not far off singing, that was eminently Scottish" (apud HARMAN, p.42). Stevenson usou o idioma escocês em sua poesia e também em sua prosa, em obras como Thrawn Janet e Weir of Hermiston. Em meados do século 20, houve um renascimento do escocês, iniciado pelo poeta Hugh MacDiarmid.

enfermeira em Marryat, "foi apenas uma pequena".* Temos boas notícias por ora do garoto Samuel, mas suas provisões parecem ter se extraviado: ("Se você quer algo, você tem de incumbir um amigo dos negócios de fazê-lo".) e pode ser que a uma altura dessa ele esteja de chapéu na mão à beira de uma estrada em Barbados.** Minha mulher está *peepy* e *dowie*:*** duas expressões escocesas com as quais lhe deixarei brigando sem nenhuma ajuda, como uma preparação para minhas obras poéticas. Ela é uma mulher (como você sabe) não de todo desprovida de talento: o talento de extrair a escuridão do eclipse da luz do sol; e recentemente ela tem trabalhado nisso, não sem sucesso ou (como costumávamos dizer) não sem alguma graça. É estranho: brigamos, minha mulher e eu,**** uma noite dessas; ela me atacou selvagemente, acusando-me de ser um canário; eu retruquei (aos balidos) protestando que era desnecessário transformar a vida num *King Lear*; logo descobriu-se que haviam dois combatentes mortos no campo de batalha, cada um assassinado por uma flecha da verdade, e nós gentilmente carregamos os cadáveres um do outro. Eis aqui uma pequena comédia para Henry James escrever! Cada um achou que o outro estava ileso a princípio. Mas havíamos desferido punhaladas certeiras.***** Você não diz nada sobre você, o que vou considerar como sendo sinal de boas notícias. O bilhete para Archer foi enviado. Ele é, na verdade, esperto, aquele

---

* A desculpa que a enfermeira dá pelo seu bebê ilegítimo no capítulo 3 de *Mr. Midshipman Easy*.
** Toda a passagem sobre Samuel fora excluída da edição de Colvin.
*** Irascível, triste, sombria.
**** No original "We fell out my wife and I", citação de Tennyson: *The Princess*, Parte II, Introductory Song, 1.3.
***** No original "But we had dealt shrewd stabs". Possível referência a *Macbeth*.

Archer, e imagino que seja boa pessoa. É uma coisa prazerosa ver alguém que sabe usar a pena; ele sabe; realmente fala o que quer, e fala com estilo; ele vai ao prelo como quem está em casa, não tímido e canhestro como muitos de nós. Bem, boa sorte, e as melhores lembranças do canário e do Rei Lear, da Mulher Trágica e do Homem Frágil.

Robert Ramsay Fergusson Stevenson*

É estranho, mas a "mulher triste" ficou assim devido à convivência intensa e prolongada com a alegria, nada mais sério do que isso. Ela lhe manda os melhores votos. Sempre a D.W.**

[22] JAMES A STEVENSON***
Florença, Itália, Hotel du Sud
21 de janeiro [1887]

Meu caro Louis,
    Estou envergonhado por não ter agradecido antes pelo seu bilhete amável e encantador que acompanhava algumas das páginas de seu tão deploravelmente adiado volume de contos. Esperava mais, e a chegada de outra fornada de provas teria arrancado alguma eloquência de meus lábios. O fato de seu livro tardar tanto me deixou completamente deprimido – porque queria degustá-lo antes de invocar, em seu nome, a musa da apreciação. No fim, precisei decidir que o aprecio suficiente-

---

* Referência a dois poetas escoceses do século 18, Allan Ramsay e Robert Fergusson.
** Pós-escrito de Fanny. Possivelmente, D.W. são as iniciais de "doleful woman", traduzido aqui como "mulher triste".
*** Beinecke Library, manuscrito 4935.

mente sem isso, e acabo de começar meu amável tributo aos seus "poderes excepcionais". Vou terminá-lo até o fim da semana que vem – então, pelos próximos dias, eu vou realmente conviver com você. Reze para mim – que eu não o ofenda. Se acontecer, será unicamente por que não o incensei à altura – e no entanto vou tentar não ser tão indecentemente meloso. Fiquei encantado com seu relato sobre a concussão entre sua exuberância e a moderação de sua mulher, e teria dado tudo para assistir ao debate, o qual me esforçaria para manter nos limites parlamentares. Certamente você tem direito a uma farra espiritual, você que tanto faz pela dos outros. (Isto não é uma citação de meu artigo.) E, por outro lado, e pela mesma lógica, sua mulher faz os outros tão felizes que ela tem o direito de fazer uso ela mesma da miséria que lhes poupa. É assim que eu vejo a situação, meus caros amigos, que são ainda mais caros, estou *certo*, um para o outro.* Ouvi dizer que vocês estão tendo um inverno ruim e extremamente frio no seu longínquo norte, e me pergunto como vocês conseguem suportar. Espero que não tenham congelado depois de tanto nevoeiro, e ainda que não seja adicto a orações, eu suplico para que no presente momento vocês estejam numa situação suportável. Recuo diante da conduta desesperada de pressioná-los a escrever, mas algumas ideias claras sobre vocês me fariam muito bem. Adoraria saber dos pais – adoraria saber de Sam. Espero

---

* Para outras pessoas, James expressava opiniões não tão lisonjeiras a respeito de Fanny. Em uma carta, referiu-se a ela como uma "poor, barbarous and merely instinctive lady". Para ele, sua relação com Stevenson fizera dela uma pessoa melhor, mas apenas temporariamente. Alice James registrou em seu diário que Fanny parecia "an appendage to a hand organ" e que o egoísmo dela era tamanho que "produced the strangest feeling of being in the presence of an unclothed being" (HARMAN, p. 282).

que o último já tenha recebido suas provisões – sua agradável conversação certamente poderia tê-lo sustentado por um tempo. Minha estada nestes países ameaça se prolongar – e eu estou disposto a isso. Aluguei os apartamentos de Londres para minha irmã, e, se ela estiver disposta a ficar com eles por um tempo, seguirei no exterior. (Quero dizer, é questão de algumas semanas.) Acho a Itália um lugar sereno para se escrever – desde que não seja sobre ela. As manhãs são boas e ainda ensolaradas. Saúdo vocês dois e sou sempre, meu caro Louis, seu – e de sua severa mulher – fiel,

Henry James

[23] STEVENSON A JAMES*
Skerryvore, Bournemouth
24 de janeiro [1887]**

Meu caro James,

Minha maldita saúde me pregou mais uma vez uma peça das mais absurdas, e a criatura que agora vos fala não passa de um miserável e pálido *bouilli* saído de um pote de febre: reumatismo subagudo, murmura o doutor – o rim sobrecarregado, a cordial irritação da pleura, o familiar fígado recalcitrante, a vesícula biliar doída e constipada, a dor de cabeça galopante e o diabo a pagar em cada canto de sua economia. Suponho (a julgar por sua carta) que não preciso lhe mandar essas páginas, que me ocorreram torrencialmente durante meu colapso. Es-

---

* BOOTH; MEHEW, vol. VI. Colvin suprimiu alguns trechos do início desta carta.
** Colvin datou a carta como sendo de fevereiro de 1887.

tou trabalhando em três livros, aquele de contos, um segundo de ensaios, e outro de – aham – verso. É uma bela ordem, não é? Depois disso não terei mais nada na gaveta. Todo trabalho novo está parado; estava indo bem com *Jenkin** quando essa maldita doença me derrubou do cavalo e me jogou de volta à tarefa de ficar remexendo o esterco que é reeditar. Vou republicar *Virg Puer*** como o vol. I dos *Essays* e o novo volume será o vol. II do *ditto*; serão vendidos, no entanto, separadamente. Isso não passa de falação insípida; no entanto, não tenho condições – 'não tenho condições de me esforçar para a ação ou para lucubrações'. Meu pai está instável; muitas tristezas e perplexidades rondam a casa de Stevenson; minha mãe está indo para o norte a uma hora dessa, para um negócio de caráter notadamente asqueroso; meu pai (sob tutela de minha mulher) parte amanhã para Salisbury. Eu permaneço na cama assobiando à toa. Em nenhuma parte do céu transparece qualquer coisa encorajadora, afora o bom Colvin que vem me visitar no hotel. Esta visão melancólica da vida piora um tanto com o fato de minha cabeça doer, o que eu sempre encaro como se as instâncias superiores estivessem a tomar liberdades comigo. Esta também é minha primeira carta desde que me restabeleci. Que Deus apresse sua pena laudatória!

Minha mulher partilha de todas as calorosas mensagens.
Do seu,

R.L.S.

---

* *Memoir of Fleeming Jenkin* foi publicado em janeiro de 1888 pela Scribner's em Nova York e pela Longman's em Londres.
** *Virginibus Puerisque*, publicado em abril de 1881 por Kegan Paul and Co.

[24] JAMES A STEVENSON*
Florença, Villa Bricchieri Colombi, Bellosguardo
15 de maio [1887]

Meu caro Louis,
    A notícia da morte de seu pai me alcançou esta manhã, aqui, e piora a vergonha que venho sentindo pelo meu longo silêncio. Na mesma hora, envio-lhe este lembrete do enorme interesse que sinto por tudo que lhe toca. Neste caso, sinto que você foi profundamente tocado – e a absoluta falta de informação a seu respeito faz com que minha imaginação dê voltas em círculos melancólicos. Eu o imagino transtornado em todos os sentidos – e envio-lhe, no escuro, minha mais calorosa solidariedade. Conhecia seu pai o suficiente para saber que sensação de colapso a extinção de sua imensa vitalidade deve ter lhe causado. Não sei se (ultimamente) ele andou frágil ou doente – ou se foi levado subitamente, mas quaisquer que tenham sido as circunstâncias, elas certamente foram trágicas. Lembro dele como uma figura maravilhosamente humana, mas, quando o conheci, sua humanidade era totalmente voltada para o trágico. Você sentirá falta dele – uma natureza exuberante como a dele deve ter ocupado um lugar muito importante em sua vida. Mas, seguramente, ainda mais do que sentir a falta dele, você irá se alegrar com a calmaria que vem após o temporal que ele enfrentou – e a morte dele será para você um descanso quase tão grande quanto foi para ele. Que o descanso dele seja profundo! Penso com muito carinho em sua pobre mãe, cuja ocupação principal, em verdade, quase se extinguirá, e eu espero por ela, e por você, que os últimos instantes de vida

---

* Beinecke Library, manuscrito 4936.

do seu pai não tenham sido muito penosos. Com toda sinceridade, nos últimos tempos quis lhe escrever inúmeras vezes – mas minhas intenções foram vãs e frustradas. Se não o fiz é porque minha correspondência, quando estou no exterior, é uma batalha diária, semanal, e em algum lugar do campo de batalha eu sou sempre vencido. De qualquer forma, peço, e tenho pedido constantemente, para que você esteja em um de seus períodos menos insuportáveis. Ainda estou na Itália – vou deixando-me ficar, provavelmente por mais um mês. Mande-me umas linhazinhas – nem que sejam dez palavras – de autorrevelação – eu lhe imploro. Talvez sua mulher tenha pena de mim, pois eu a estimo muito. Espero sinceramente que ela vá bem. Estou no escuro sobre a publicação do artigo na *Century* – só pude pedir a eles, de joelhos, que seja logo. Que o céu apresse esse dia! Sempre, meu caro Louis, com um carinhoso aperto de mão, seu muito fiel,

Henry James

Ps: uma palavra a De Vere Gardens, 34 é a melhor forma de me alcançar, já que meu endereço aqui não é fixo. Vou vê-lo assim que voltar a Londres.

[25] JAMES A STEVENSON*
Florença
16 de maio [1887]

Meu caro Stevenson,

Encontrei, esta manhã, no meu bloco de anotações, a segunda folha de uma carta que lhe escrevi ontem.** Você deve

---

* Beinecke Library, manuscrito 4937.
** Trata-se do final da carta 24.

ter achado a primeira estúpida sem ela. Eu a suprimi do envelope, sem querer. Agora ela leva, novamente, meus melhores votos e esperanças a vocês dois, e, particularmente, minhas lembranças mais ternas a sua mãe. Como você suporta Edimburgo – e em que estado você chegou lá?* Mando-lhe minha benção e sou afetuosamente seu,

Henry James

[26] JAMES A STEVENSON**
De Vere Gardens, 34, West London
2 de agosto [1887]

Meu caro Louis,
    Deixei-o no domingo pela manhã sem dizer adeus – mas achei melhor poupá-lo desse palavrório, já que é provável que o veja logo mais na cidade. Teria gostado muito de fazer uma visita ontem – mas estou totalmente tomado nos últimos tempos, e as horas tornaram-se sordidamente preciosas para mim aqui. Em suma, *tinha* que voltar. Esta carta é para lhe dizer *isso*, com pesar; e para desabafar um pouco mais a respeito do inominável Haggard.*** Desde que nos vimos, terminei *Solomon* e li metade de *She*. Ah, *par exemple, c'est trop fort* – e o "40 mil" na folha de rosto do meu *She* me deixa deveras indignado.**** Não

---

* Stevenson foi a Edimburgo para as exéquias de seu pai, e caiu de cama, doente.
** Beinecke Library, manuscrito 4938.
*** Sir Henry Rider Haggard (1856-1925) publicou *King's Solomon's Mines* em 1885 e *She* em 1887.
**** Em inglês "moves me to a holy indignation", uma brincadeira – intraduzível – com o nome do protagonista do romance, Horace Holly.

é certo que algo assim tão vulgarmente brutal faça o maior sucesso entre os ingleses de hoje em dia. Mais ainda do que a desprezível barateza, me deixa chocado a bestialidade do lado sanguinário da coisa – o que, no fim, dá no mesmo – as *hecta-tombes** baratas que estão por toda a brilhante narrativa. Uma matança perpétua e uma feiura perpétua! Vale a pena escrever um conto de aventura fantástica, com um homem estranho etc., em tom de gíria, matar *20 mil* homens, como em *Solomon*, para ajudar seus heróis? Em *She* o próprio narrador mata pelas costas (creio) seu fiel servidor Mahommed, para evitar que ele seja fervido vivo, e descreve como ele "dá um salto no ar" qual um cervo no momento em que recebe o tiro. Ele mesmo é chamado constantemente por um dos personagens de "meu Babuíno"! *Quel genre*! Parecem-me obras nas quais nossa raça e nossa época fazem uma vil figura – e elas subitamente se deprimiram, de forma que ele se vira para *você* para buscar consolo, o seu sempre mais fiel,

Henry James

PS: quero dizer consolo *impresso* – nem pense em responder a isto. Espero que o dia seguinte à minha visita não tenha sido ruim.

---

* No original *hectatombs*, neologismo criado a partir de hecatombe [*hecatomb*] com a palavra recém-inventada na época hectógrafo [*hectograph*], que era um aparato para multiplicar cópias de manuscritos.

[27] STEVENSON A JAMES*
Grand Hotel & Bains Frascati, Plage du Havre
22 de agosto [1887]**

É um bom James, e um excelente Henry James, e um vinho particularmente bom; e quanto ao barco, é uma droga de barco, e nós somos todos marinheiros toscos. Queríamos que você estivesse aqui conosco para retratar nossos companheiros disparatados; formam um lote inimitável: temos conosco um ABORRIDO*** (*B. Bororum*) a quem sua pena sempre em prontidão etc. Todos o saúdam: todos bebem à sua saúde diariamente –

A lua no oceano turvou-se com uma onda,
provocando um delírio irrefreado.
Quando os alegres marinheiros anunciaram que tomariam um trago. ****

O que dá num irrefreado –

R.L.S.

---

* BOOTH; MEHEW, vol. VI, p. 3. Esta carta não fazia parte da edição de Colvin, e foi incluída no volume organizado por Smith.
** Na verdade, dia 23. Margaret Stevenson registrou que os Stevenson aportaram para almoçar em Le Havre dia 23 de agosto. A carta foi escrita no papel timbrado do hotel. Os tripulantes passaram a noite lá e saíram a bordo do *Ludgate Hill* novamente no dia seguinte. No dia 21 de agosto, Stevenson, sua mulher, o enteado, sua mãe e uma empregada francesa embarcaram em Tilbury rumo à América. O navio fez uma escala em Havre para pegar um carregamento de cavalos e macacos, e Stevenson pegou lá o papel em que ele escreveu esta nota para James, agradecendo-o pela caixa de champanhe que ele lhes entregou no momento do embarque.
*** *Bore* no original.
**** A canção de Charles Dibdin, "The Standing Toast", de sua ópera cômica *The Round Robin* (1811). No original:
"The moon in the ocean was dimmed by a ripple
affording a chequered delight.
When the gay jolly Tars passed the word for a tipple."

[28] STEVENSON A JAMES
EUA, Newport, Long Island
18 de setembro [1887]

Meu caro James,
 Aqui estamos em Newport, na casa dos bons Fairchilds*; e que triste fardo despejamos sobre seus ombros. Estou acamado praticamente desde que cheguei. Peguei um resfriado pouco antes de aportar, após ter passado tão bem quanto poderia, e divertido-me mais do que podia imaginar a bordo de nosso zoológico flutuante: garanhões, macacos e seus pares formavam nossa carga; e o vasto continente dessas incongruências rolava de lá pra cá como um moinho de feno; os garanhões ficavam hipnotizados pelo movimento, mirando a mesa onde jantávamos através das escotilhas, e piscavam os olhos quando a louça quebrava; os macaquinhos se fitavam uns aos outros desde suas gaiolas, e foram lançados ao mar como pequenos bebês azulados; o grande macaco, Jacko, percorria o navio a passos largos e vinha se aconchegar em meus braços, para a ruína de minhas roupas; o homem que tomava conta dos garanhões fez do tombadilho encerado um caramanchão, e se punha ali sentado aos pés de uma divindade cor de ocre, como uma imagem numa caixa de chocolates; os outros passageiros, quando não estavam enjoados, olhavam e riam. Pegue esse quadro e o faça girar até que os sinos do convés comecem a soar as notas mais inesperadas e as roupas sejam sacudidas de um lado para o outro em nossa cabine e você terá uma ideia do que foi a viagem do *Ludgate Hill*. O navio chegou ao porto de

---

* Charles Fairchild arcou com parte da viagem de Stevenson pelos Estados Unidos.

Nova York sem cerveja clara ou escura, soda, curaçau, carne fresca ou água potável; e ainda assim gostamos muito, e agora sentimos falta do navio.

Minha mulher está bastante esgotada, e eu não estou grande coisa.

A América é, como me lembrava, um bom lugar para se comer e para gentilezas; mas, Senhor!, que coisa boba é a popularidade! Sinto falta da obscuridade tranquila de Skerryvore. Se ao menos desse algum dinheiro, disse a Pequenez! e envergonhou-se.*

Do seu, sinceramente,

Robert Louis Stevenson

---

* Os Fairchilds já tinham avisado Stevenson que a publicação de *Jekyll and Hyde* fizera dele uma celebridade na América. Mas Stevenson não sabia avaliar sua popularidade, pois o livro estava sendo muito pirateado – portanto, ele não sabia nem quantas cópias tinham sido vendidas, e também não ganhava um centavo com as vendas. Quando o navio aportou no New York City Harbour, havia pelo menos uma dúzia de jornalistas esperando por ele. Nos Estados Unidos, ele recebeu propostas vultosas de Burlingame e McClure: o primeiro lhe ofereceu 60 libras para que ele escrevesse doze artigos em doze meses; o segundo queria lhe dar 2 mil libras para que ele escrevesse um artigo por semana para o *New York World*. Esta ele recusou pois "they would drive even an honest man into being a mere lucre-hunter in three weeks". Era a primeira vez que Stevenson estava ganhando dinheiro com sua escrita. Ele escreveu a Colvin: "You have no idea how much is made of me here" (HARMAN, p. 327-329).

[29] STEVENSON A JAMES
N.Y., Saranac Lake, Adirondacks
6 de outubro [1887]

O dia eu não sei; mas o mês
é o triste outubro no mal-assombrado
bosque de Weir.*

Meu caro Henry James,

Isto aqui é para dizer, *em primeiro lugar*: a viagem foi um enorme sucesso. Todos divertimo-nos (exceto minha mulher) a valer: dezesseis dias no mar com uma carga de feno, parelhas, garanhões e macacos, e num navio que chacoalhava como Deus Todo-Poderoso,** sem nenhuma cerimônia, e muitos marinheiros com quem conversar, e os infinitos prazeres do mar – o romanesco disso, a ginástica que é jantar com todo aquele balanço e a louça se espatifando, o prazer – um prazer infinito – de ser embalado pela vaga. Bem, acabou-se.

Segundo, tive uma ótima estada, ainda que um tanto agitada, em Newport e Nova York; frequentei e gostei demais dos Fairchilds, do escultor St. Gaudens, de Gilder da *Century* – vi rapidamente o caro Alexander – e vi muito meu velho e admirável amigo Will Low*** – gostaria que você o conhecesse e o apreciasse –, fui retratado em medalhão por St. Gaudens e finalmente escapei para****

---

* No original: "I know not the day; but the month it is the drear October by the ghoul-haunted woodland of Weir". Cf. Poe, *Ulalume*.
** A menção a Deus fora excluída da edição de Colvin.
*** Pintor americano que Stevenson conheceu em Barbizon, a colônia de artistas onde, em 1875, ele também conheceu Fanny Osbourne, com quem viria a se casar.
**** Stevenson simplesmente abandona esta frase e passa para o parágrafo seguinte.

Terceiro, Saranac Lake, onde estamos agora, creio que decididos a gostar e a permanecer até o inverno. Nossa casa – na verdade, a de Baker* – fica numa colina, e tem uma vista de um córrego que dá no vale – bendita seja a água corrente! – e também a de alguns montes, e dos tetos prosaicos e pagãos de Saranac; o lago não se vê, mas isso eu não lamento; gosto de água (água fresca, quero dizer) quando ela corre suavemente através das pedras ou então acompanhando o uísque. Enquanto escrevo, o sol (um estranho há tanto tempo) brilha no meu ombro; do quarto ao lado vem o som da máquina de escrever de Lloyd,** que compõe uma agradável música enquanto ele tamborila (numa escala que deixa embasbacado este experiente romancista) os primeiros capítulos de um divertido romance de aventuras;*** de um pouco mais longe – as paredes de Baker não são antigas nem massivas – vêm rumores de Valentine no fogão; de minha mãe e de Fanny não ouço nada pelo excelente motivo de que ambas se mandaram, uma para Niagara, outra para Indianápolis. As pessoas reclamam que eu nunca dou notícias em minhas cartas. Varri esta repreenda.

E agora, *quarto*, vi o artigo;**** e pode ser por parcialidade natural, mas parece-me o melhor que você já escreveu. Ah, lembro-me do Gautier, que foi uma façanha; o do Balzac, que era bom; e o do Daudet, que me fez lamber os beiços; mas

---

* Andrew Baker era o nome do dono do cottage alugado pela família de Stevenson nos lagos Saranac (HARMAN, p. 331).
** A partir de 1887, Sam decide que lhe chamem de Lloyd.
*** Uma versão com muitos erros de *The Wrong Box* foi publicada em 1889 pela Scribner's em Nova York e pela Longman's em Londres. Inicialmente, o livro foi chamado de *The Finsbury Tontine* e depois de *A Game of Bluff*, até receber seu título definitivo.
**** "Robert Louis Stevenson", primeiramente publicado na *Century* de abril de 1888 e depois, ainda naquele ano, em *Partial Portraits*.

o R.L.S. é ainda melhor. É tão espirituoso e aponta minhas pequenas fragilidades com uma mão tão precisa (e amigável); Alan* inspira comentários deliciosos, e a briga é elogiada com muita generosidade. Li-o duas vezes, ainda que ele só tenha ficado umas poucas horas em minha possessão; e Low, que o pegou para mim na *Century*, empregou todo o seu tempo para terminar de ler antes de devolvê-lo; e, meu senhor, ficamos todos maravilhados. Aqui acaba o papel, e nada, nem a amizade, nem a gratidão pelo artigo, me levarão a começar outra folha; então fico por aqui, com as melhores lembranças e os mais ternos votos. Do seu, afetuosamente,

R.L.S.

[30] JAMES A STEVENSON**
Outubro [1887]

...isso tão bem quanto eu. Os outros podem pensar que sim, mas não. O classicismo *natural* das primeiras páginas de *Underwoods**** só se compara à sua arte demoníaca. Sim, também eu sou um demônio, e reconheço um par. Não vou temer, mas ansiar com satisfação e confiança por uma considerável carreira de diabruras pela frente. Meu caro Stevenson, eu me deleito com a consciência que você tem da literatura – parece-me impossível que haja pérola mais perfeita que essa. Você não apenas tem tamanha sensibilidade poética, mas é mons-

---

* Alan Breck, personagem de *Kidnapped*.
** Beinecke Library, manuscrito 4939. Fragmento, o começo da carta está perdido.
*** Publicado como artigo pela *Scribner's Magazine* em 26 de agosto de 1887, e depois como livro por Chatto e Windus, no mesmo ano.

truosamente inteligente. Você é tão sabido quanto é genial *quoi*! Daria todos os meus manuscritos não publicados para ter escrito "Sleeps in an Antre of that Alps" e "What Creeping Custom of the Land" e "God's bright and intricate device of seasons", assim como outras vinte coisas pinçadas aqui e ali. Bain me disse que o livro está vendendo bastante, e isso é evidente. T. Watts mencionou algo sobre isso no Athenaeum, mas imaginei que Colvin já tivesse lhe falado a respeito, por isso não o fiz eu mesmo, já que me parece detestável receber uma notícia duas vezes quando estamos esperando algo *novo*. Isto revela certa pobreza da fama. Gosse fala de você (dos versos) na *Longman* deste mês, e imagino que ele tenha lhe enviado a revista. Tenho vergonha de lhe confessar que ainda não procurei o Sr. Romeike, mas vou fazê-lo imediatamente. Eu teria odiado seus entrevistadores se não os tivesse desprezado; eles foram muito fracos. Deploro, no entanto, a luminosidade violenta que banha a plataforma americana. Deve fazer com que se queira aterrissar na água, por assim dizer. Que país terrivelmente *quente* – para circular com um leque nas mãos! Deixe-me seguir neste refrigerador – apesar de Hugues-Hallet – não tendo uma enteada. Escrevo para você, mas penso igualmente em sua mulher e na sua mãe: diga-lhes que elas habitam [...]*

PS: Você se lembra do jovem Jack Chapman, que foi a Bournemouth para vê-lo, e o levou ao jardim para ler um conto para você? Há três meses ele *queimou* completamente a mão esquerda – ele colocou a mão sobre o fogo e deixou-a lá –, de modo que teve de ser amputada, isso para se punir por ter feito algo que ele considerou que o desonrava de certa forma. Não

---

* O restante da carta está perdido, com exceção do seguinte pós-escrito.

sei o que foi, mas um de seus amigos, que vi recentemente em Florença, e que sabe, disse-me que se tratava de algo sem importância. *Tal peculiaridade* vai impressionar Louis. Ele foi encontrado desfalecido, no chão, com o membro destruído. Veneza é agora uma espécie de banho a vapor resplandecente. Mas estou hospedado num grande e fresco palácio de mármore, com afrescos, que uns amigos compraram, e estou confortável e contente. Não me odeie por isso!

H.J.

[31] JAMES A STEVENSON
De Vere Gardens, 34, West London
30 de outubro [1887]

Meu caro Louis,

É verdadeiramente um prazer receber sua carta encantadora (enviada do lago indecifrável) neste exato e abençoado momento. Uma alienação prolongada deixou minha geografia americana vaga, e sem saber *o que* é seu lago, sei menos ainda *onde* ele fica. Não obstante, suspeito vagamente que ele se situe nos Adirondacks; se não for o caso, queira perdoar a ofensa. Deixe-me dizer, sem delongas: fui realmente tomado de alegria por você ter gostado do artigo. Imaginei – ou melhor, esperava – que você fosse gostar, mas temia que não – isto é, que pudesse não gostar – e, no fim, não estava lá muito convencido, mas a expressão de seu prazer me dá confiança e me recompensa. Senti, enquanto escrevia, que você me servia bem; você foi de fato, meu caro, um assunto excelente – preciso modestamente conceder, ainda que isto tire o brilho do meu mérito. Ser espirituoso e ainda suscitar isso nos outros sem que seja às custas deles, eis uma qualidade rara e nobre, e totalmente sua. Espero sinceramente que seja na *Century* de novembro que a coisa apareça, e que não fique muito evidente para você que eu não tenha visto uma prova – privação que eu detesto. Escrevi para você há umas três ou quatro semanas – A/C Scribner.* Parece-me extraordinário o destino que o leva ao projeto de passar o inverno em – bem, onde quer que você esteja. A sucessão de incidentes e lugares em sua carreira é sempre romanesca. Que você encontre o que precisa – dias de inverno brancos e ensolarados, sem precisar abusar do aquecedor ou da carne de porco, com um ar seco e revigorante, lazeres frequentes e nenhum risco de inanição. E que muita prosa boa flua daí. Quisera poder vê-lo – no olho da minha mente: mas *que dis-je?* Eu posso – e os mais ínfimos detalhes de sua choupana de madeira assomam diante de mim. Vejo os batentes, a varanda, a soleira da porta e a maçaneta, e a rua em frente e o quintal atrás. Não fique muito nostálgico da pequena personalidade garbosa de Skerryvore. Tive grande satisfação em saber (pela Sra. Procter, é claro) que aquela doce casa ficou para os canadenses. Que eles sejam pontuais com o aluguel. Diga à sua esposa, em seu retorno do oeste selvagem, que eu *suplico* a ela que me escreva e insista nos detalhes, especificações, particularidades. Estou reunindo alguns textos em um volume; e o artigo, *par excellence*, no centro. Que o ar americano lhe seja leve, meu caro amigo: se dependesse de mim, assim o seria!

Do seu fiel, sempre,

Henry James

---

* Scribner's and Son, editora americana de Stevenson.

Ps.: meu carinho à sua mulher vai sem dizer – mas envio explicitamente minhas saudações amigáveis à sua mãe. Espero que o apreço dela pela América seja restituído. E eu abençoo o percussivo Lloyd.

[32] STEVENSON A JAMES*
N. Y., Saranac Lake, Adirondacks, *c.*
20 de novembro [1887]

Meu caro Henry James,
    Você talvez fique feliz em saber com o que nossa família anda ocupada. No silêncio da neve, a lâmpada vespertina iluminou um absorto grupo em torno da lareira: minha mãe lendo, Fanny, Lloyd e eu ouvindo com devoção; e a obra foi realmente das melhores que já ouvi; seu autor deve ser louvado e adorado; e qual você supõe que seja o nome da obra? Você mesmo já a terá lido alguma vez? E (estou decidido a chegar ao fim da página sem entregar o ouro, nem que para isso eu tenha que ficar nesta frase o verão todo; porque se você não tiver que virar a página não haverá suspense – e o olho está sempre de prontidão para apanhar nomes próprios; sem suspense não pode haver prazer neste mundo, pelo menos a meu ver), em suma, seu título é *Roderick Hudson*, se você quer mesmo saber. Meu caro James, o livro é muito inspirado e muito bem feito, e muito fino também. Hudson, a Sra. Hudson, Rowland. Ah, são todos de primeira linha: Rowland é um ótimo sujeito, Hudson é tão bom quanto poderia ser (você o conheceu? Desconfio que sim); e a Sra. H. nasceu para ser sua mãe, coisa rara de se alcançar em ficção.

---

* BOOTH; MEHEW, vol. VI.

Estamos todos firmes e fortes; mas esta não é uma carta minha para você, é a carta de um leitor de *R.H.* para o autor da dita obra, e não diz nada, não pode dizer nada, senão Obrigado.

Vamos reler *Casamassima* como complemento oportuno. Meu senhor, acho que essas duas são suas melhores obras; e pouco me importa se os outros sabem disso.

Posso implorar para que, da próxima vez que *Roderick* for impresso, você percorra as páginas dos últimos capítulos e suma com "imenso" e "formidável"? Você simplesmente deixou essas palavras caírem por ali como se tivesse perdido o lenço; você só precisa apanhá-las e metê-las de novo no bolso, e sua casa – que digo? Sua catedral! – estará varrida e provida.*

Sou, meu caro senhor, seu muito satisfeito leitor,

Robert Louis Stevenson

PS: Talvez isso seja um acesso súbito de honestidade sem causa, talvez eu espere com isso valorizar meu elogio a *Roderick*, talvez eu esteja possuído pelo demônio, mas preciso confessar que não suporto *Retrato de uma senhora*. Eu li o livro do começo ao fim, e até chorei, mas não posso tolerar o fato de você tê-lo escrito; e lhe imploro que você não escreva mais nada do gênero. Infra, senhor: está abaixo de você. Desculpe-me, mas preciso lhe dizer – pode ser sua obra favorita, mas a meu ver está ABAIXO DE VOCÊ como escritor e de mim como leitor. No começo, achei que *Roderick* fosse mais do mesmo; e não posso descrever o prazer que senti quando o vi tomando corpo e me fitando com um semblante humano e cheio de emoção,

---

* "Swept and garnished" no original. Possível referência bíblica: "And when he cometh, he findeth it swept and garnished". King James Bible, Luke 11, 25.

cujos contornos estão inscritos em minha memória até o último dos meus dias.

R.L.S.

Minha mulher implora seu perdão: imagino que pelo silêncio dela.

[33] JAMES A STEVENSON
De Vere Gardens, 34, West London
5 de dezembro [1887]

Meu caro Louis,
    Poderia quase detestar o pobre Roderick H. (por quem, no melhor dos casos, como acontece com todos os meus esforços e emanações passados e descartados, meu interesse é dos mais escassos) por fazer com que você escreva muito mais sobre ele do que sobre um herói ainda mais fascinante. Se ao menos você tivesse me dado mais um pequeno episódio daquele seriado romanesco, A Vida Prosaica de R.L.S.! Meu caro amigo, você salta muitos capítulos de uma vez. Seu correspondente não faria isso. Fico realmente embevecido que você consiga, tanto tempo depois, encontrar algo naquela obra onde minha musa diminutiva tentou pela primeira vez esticar suas perninhas. É um livro de boa fé, mas, creio, de habilidade limitada. Além do mais, assim que minhas produções foram finalizadas, ou ao menos lançadas ao mundo para ganhar a vida, elas *me* parecem mortas. Elas minguam quando *desmamadas* – apartadas do seio materno, e apenas florescem, um pouco, quando bebem o leite de meu cuidado plástico. Nem por isso estou menos tocado por suas palavras excelentes e amigáveis. Tal-

vez esteja ainda mais tocado pelas que você dedica ao menos favorecido *Retrato*. Meu caro Louis, acho que não o acompanho aqui – por que este livro desperta em você tanto desprezo – já que você pode suportar *Roderick*, ou qualquer outro? Ele é como os outros, e os outros são como ele. Dou-lhe minha palavra: você está sendo injusto com ele – e eu esfolo a cabeça, desnorteado. É certamente um trabalho gracioso, engenhoso, elaborado – com muitas páginas, mas (creio) um assunto interessante, e um bocado de vida e estilo. Aí está! Talvez *todos* os meus trabalhos sejam condenáveis – mas não consigo perceber a danação particular deste um. No entanto, sinto como se fosse quase grosseiro defender-me – porque mesmo sua censura me agrada e suas restrições me revigoram. Recebi hoje mesmo do Sr. Bain seu *Memories and Portraits*, e lambo os beiços antecipadamente. É muito convidativo, posso ver, e tem o maravilhoso revestimento e o porte de qualquer um de seus livros.

Londres está entrando em seu ritmo de inverno e a neblina densa e gélida nos envolve. Vejo Colvin vez ou outra *dans le monde*, que, no entanto, eu frequento cada vez menos. Sinto realmente sua falta. Meu afeto a sua mulher e sua mãe – minha saudação ao bravo Lloyd.

Do seu fiel, sempre,

H. James

PS: não posso descrever como estou irritado com a demora da *Century* em publicar meu artigo sobre você – é revoltante. Mas não há o que eu possa fazer, e eles dizem que não sairá antes de março. Eles que vão à m... Também sinto – muito – não ter nenhuma outra espécie de prosa de meu próprio gênio para lhe enviar. De fato, escrevi um bocado ultimamente – mas esses periódicos abomináveis ficam segurando minhas coisas: não tenho a menor ideia por quê. Mas tenho fé que a dança vai começar em breve, e então você poderá colher algum prazer. Eu lhe imploro, escreva você alguma coisa para alguém que *sabe* e ainda assim está faminto: porque não há sequer um aperitivo aqui para nos manter vivos. Não vou questioná-lo – seria em vão – mas quisera eu saber mais de você. Quero *vê-lo* – onde você mora e como – e conhecer seus dias com algum detalhe. Mas não sei nem o nome de seu habitat nem o dia em que você escreveu sua carta: nada disso figurava na página. Mando-lhe minha bênção mesmo assim.

[34] JAMES A STEVENSON[*]
De Vere Gardens, 34, West London
18 de dezembro [1887]

Meu caro Louis,

Você é extremamente acessível a qualquer jovem brilhante e talentoso, mas dou esta carta de introdução a meu jovem amigo Owen Wister,[**] que corresponde duplamente a essa descrição, apenas pela forma e pela diversão. Ele não poderá lhe dar nenhuma notícia muito recente minha, mas tenho esperanças de que ele possa me presentear, depois de encontrar com você, às suas custas. Não tenho o mérito de enviá-lo a você – ele vai nas asas de sua própria admiração – mas posso dar este empurrãozinho, com um olho para *détails intimes* de sua saúde e das circunstâncias, ninharias que suas musas

---

[*] Beinecke Library, manuscrito 4942.
[**] O escritor Owen Wister (1860-1938), filho de Sarah Bluter Wister. Seu romance mais famoso, *The Virginian* (1902), é considerado o primeiro romance cowboy.

aventureiras (você tem meia dúzia delas – uma poligamia desavergonhada) recusam a um amigo que estima os relatos de costumes domésticos. O portador desta carta é neto de bons amigos meus, e reúne o melhor de uma origem americana e inglesa. A mãe de sua mãe é minha distinta e estimada vizinha, a Sra. Fanny Kemble* – sua própria mãe, uma dama bela e encantadora, que mora perto da Filadélfia, e que espero que você tenha a ocasião de conhecer um dia. Mas Owen Wister falará por si – e você não encontrará nenhum defeito nisso, pois, parece-me, tal como ele é, você certamente ficará feliz em conhecê-lo. *Vale e valeat!*

Do seu fiel, sempre,

Henry James

[35] **STEVENSON A JAMES****
Saranac Lake
26 de janeiro [1888]***

Meu caro e encantador James,

Para citar suas palavras à minha mulher, não creio que alguém escreva cartas mais elegantes, e muito menos tão simpáticas quanto as suas, a não ser Colvin, que porém está mais para um pai severo. Fiquei aflito com seu relato sobre meu estimado Meredith: temo que o que você disse sobre Mariette seja a pura verdade; quisera poder visitá-lo; dadas as circuns-

---

* Atriz britânica.
** BOOTH e MEHEW, vol. VI. O comentário sobre Mariette, a filha de 16 anos de Meredith, fora suprimido por Colvin. Ele também cortou algumas palavras e orações.
*** Colvin data erroneamente esta carta de março de 1888.

tâncias, vou tentar escrever; e no entanto (você me entende?) há alguma coisa naquela afetação poderosa, *genialisch*, que me deixa tenso até para escrever uma carta a ele. Não é fácil ficar à vontade com ele; ele se impõe, e é difícil saber o que ali é verdadeiro e o que é impostura travestida de acrobacia intelectual.* Li com uma admiração indescritível seu *Emerson*. Começo a ansiar pelo dia em que esses seus retratos serão reunidos num volume: não deixe de me incluir. Mas Emerson é um voo mais alto. Você tem um *Turguêniev*? Você me disse muitas coisas interessantes sobre ele, e parece que as vejo escritas, compondo um retrato gracioso e *bildend* (gostaria de saber de onde vem essa enxurrada de alemão – não abro um livro em alemão desde que troquei os dentes). Meu romance** é uma tragédia: quatro capítulos de um total de seis ou sete estão escritos, e nas mãos de Burlingame.*** Cinco capítulos são a mais perfeita tragédia humana, feitos com uma brevidade e um ritmo veloz e saltarelo nos quais me saí muito bem. O último, ou os dois últimos, lamento dizer, não foram tão bem desenhados; quase hesito em escrevê-los; são muito pictóricos, mas são fantásticos; eles envergonham, talvez até denigram, o início. Quem me dera saber disso antes; mas foi assim, em todo caso, que a história me ocorreu. Eu tinha a situação; era uma vontade

---

* Antes de publicar esta carta, Colvin consultou James. Sua resposta, em 5 de janeiro de 1911, traz a seguinte passagem: "By the same token don't hesitate to print the passage about Meredith *tel quel* – leaving the 'humbugging' untouched. The word isn't invidiously but pictorially and caressingly used – as with a rich, or vague, loose synthetic suggestion. Who in the world is there today to complain of it. *Voilà.*" (BOOTH e MEHEW, vol. VI, p. 104.)

** *O Morgado de Ballantrae*, publicado como folhetim na *Scribner's Magazine* de novembro de 1888 a outubro de 1889 e em livro pela Scribner's em Nova York e pela Cassel and Co. em Londres, em agosto de 1889.

*** Redator chefe da *Scribner's Magazine*.

antiga. O irmão mais velho parte para a batalha de 45 [1745], o mais novo fica; o mais novo, é claro, fica com o título e o patrimônio e se casa com a noiva designada ao mais velho – um acerto de família –, mas ele (o mais novo) sempre a amara, e ela realmente amara o mais velho. Você vê a situação? Então o diabo e Saranac me sopraram esse *dénouement*, juntei as pontas em um ou dois dias de pensamento febril, e comecei a escrever. E agora (me pergunto se não fui longe demais com o fantástico) o irmão mais velho é um ÍNCUBO: supostamente morto em Culloden, ele retorna e leva o dinheiro da família; então vem morar com eles, e é quando acontece a verdadeira tragédia, o duelo noturno dos irmãos (muito natural e, creio, de fato inevitável), e a segunda suposta morte do mais velho. Marido e mulher agora se entendem de verdade, e é então que aparece a rachadura na couraça. Porque a terceira suposta morte e o modo como o irmão mais velho reaparece pela terceira vez é excessivo; excessivo, meu senhor. É mesmo demasiadamente excessivo, e temo que desonre o material honesto até aqui; mas o que vem a seguir é altamente pictórico e leva à morte do irmão mais velho pelas mãos do mais novo num assassinato a sangue frio ao melhor estilo, para leitor nenhum botar defeito, espero eu. Veja como é ousado o plano. Não há senão seis personagens, um deles aparece episodicamente, e mesmo assim a história abrange um período de dezoito anos e será, imagino, o mais longo de meus trabalhos.

Do seu,

R.L.S.

Li o *Raleigh* de Gosse. Divino.

[36] JAMES A STEVENSON*
Londres, De Vere Gardens, 34, West
28 de fevereiro [1888]

Meu brilhante e singular Louis,

Isto é apenas uma palavra para corrigir uma tolice intrometida na mensagem que lhe despachei há alguns dias, em relação à sua entrada no Athenaeum. Meu comentário sobre você não aproveitar a oportunidade *já* a menos que quisesse foi simplesmente fruto de uma imaginação solidária, e tinha a intenção de concordar com a sua própria ideia a respeito da conveniência do caso. Prova disso é que, ao saber agora mesmo por ele no Museum que você está disposto a colher sem delongas a flor expectante (hurra!), voarei *de ce pas* até a augusta instituição (não o Museum, mas a outra, a sábia, humana, arquiepiscopal e nonagenária assembleia) para figurar como seu segundo, o bom Colvin sendo seu proponente. O comitê certamente o elege, mas, de qualquer forma, você tem dois patronos. Fazer isso me deixa mais feliz do que ficaria se endossasse um cheque de milhares. *Vogue la galère*! Envio-lhe por este correio os primeiros acontecimentos de uma pequena ficção na *MacMillan*, que vai se estender por seis meses (em lamentáveis bocadas mensais). Em um ou dois dias vou enviar-lhe um artigo que saiu na *Fortnightly*.

Do seu, sempre,

Henry James

Leia, se encontrar pelo caminho, um negócio que saiu em três números da *Atlantic* (março, abril e maio) intitulado *Os papéis de Aspern*.

---

* Beinecke Library, manuscrito 4943.

[37] STEVENSON A JAMES*
New Jersey, Manasquan (aham!)
28 de maio [1888]

Meu caro James,

Em que enxurrada vieram, finalmente!** Até agora, o que mais gosto é o primeiro número de *A London Life*. Você nunca fez nada melhor, e não sei se alguma vez você já fez algo tão bom quanto o acesso da menina: tip-top. Tenho propagado seus trabalhos recentes em sua terra natal. Tive que apresentar a Low o volume do *Beltraffio*, que o deixou de joelhos; ele ficou impressionado com a primeira parte de *Georgina's Reasons*, mas (como eu) não de todo satisfeito com a parte II. É irritante descobrir que o público americano é tão estúpido quanto o inglês, mas eles hão de acordar a tempo: pergunto-me o que eles acharão de *Two Nations*. Presumo que tenha causado algum alvoroço; mas sendo um Baronet inglês (*ou peu s'en faut*) eu mesmo, ninguém se abriu para mim. Eles mal podem acusá-lo de "bajular os ingleses" – esta é sua sina, fui informado – em *Two Nations*; porque creio que você bate em ambas as partes com uma rudeza tão óbvia a ponto de escapar até da cegueira internacional.

Low esteve pregando aqui hoje de manhã sobre a extraordinária superioridade de *Georgina's Reasons* em relação às coisas francesas atuais no que diz respeito a verdade, interesse,

---

* BOOTH; MEHEW, vol. VI. Colvin excluiu o trecho em que Stevenson especula sobre *Two Nations* e comenta sobre Low e o *Georgina's Reasons*.

** Muitas histórias de James demoraram a ser publicadas pelas revistas porque tiveram que esperar as ilustrações. Em 1888, saíram aos montes: *Louisa Pallant*, na *Harper's* de fevereiro; *The Reverberator*, na *Macmillan's* (fevereiro – julho), *Os papéis de Aspern*, na *Atlantic Monthly* (março – maio), *The Liar*, na *Century* (maio – junho), *A London Life*, na *Scribner's* (junho – setembro), *Two Countries* (mais tarde intitulada *The Modern Warning*), na *Harper's* de junho.

audácia e tato. Então creio que lhe consegui um apóstolo. Ao diabo com os cabeças-ocas.

Isto, meu caro James, é uma despedida. Em 15 de junho o iate *Casco* vai (o clima e a ciumenta providência permitindo) zarpar pelos Golden Gates rumo a Honolulu, Taiti, Galápagos, Guayaquil e – espero que *não* ao fundo do Pacífico. Ele levará seu humilde e obediente servo e sua trupe. Parece bom demais para ser verdade, e é uma ótima forma de atravessar a clorose da maturidade que, com todas as doenças que a acompanham, está agora se declarando em minha mente e em minha vida. Dizem-me que não é tão severa quanto a da infância: se eu (e o *Casco*) formos poupados, conto-lhe mais detalhadamente, já que sou uma das poucas pessoas no mundo que não se esquecem de sua própria vida.

Adeus, então, meu bom camarada, e por favor mande-nos umas palavrinhas; esperamos ter três endereços nos próximos dois meses: Honolulu, Taiti e Guayaquil. Mas, se você não ouvir nada mais definitivo, as cartas nos serão encaminhadas da Scribner's. Em 3 (três) dias parto para São Francisco.

Do seu mais cordial, sempre,

R.L.S.

[38] JAMES A STEVENSON[*]
De Vere Gardens, 34, West London
31 de julho [1888]

Meu caro Louis,

Você está longe demais – ausente demais –, invisível, inaudível, inconcebível demais. A vida é brevíssima, e a amizade

---

[*] Beinecke Library, manuscrito 4944.

é matéria muito delicada para tais lances, para que se cortem nacos sanguinolentos assim – um ano de uma vez! Portanto, volte. Que tudo vá à breca, que tudo vá a pique – e que você volte logo. Mais um pouco e deixarei de acreditar em você: não quero dizer (no sentido habitual do termo) em sua veracidade, porém literalmente e mais fatalmente em sua verdade – sua existência objetiva. Você se tornou um belo mito – uma espécie de *mort* inusitado, incômodo, insepulto. Mês a mês, você faz soar sua voz em tons tão felizes – mas ela vem de muito longe, do outro lado do globo, e então você é para mim como um mosquitinho andando pela superfície inferior da minha poltrona. Suas aventuras são, sem dúvida, maravilhosas; só não consigo, de fato, evocá-las, entendê-las, acreditar nelas. Posso crer nas que você escreve, Deus sabe, mas não nas que você vive, ainda que as últimas, eu sei, levem a novas revelações acerca das primeiras, e sua habilidade com elas seja, decerto, maravilhosa o bastante. Este é um brado pessoal e egoísta: eu o quero de volta; porque a literatura é solitária e Bournemouth é árida sem você. Seu lugar em meus afetos não foi usurpado por outro, porque não há nem sequer a sombra de outro que possa usurpá-lo. Se houvesse, eu tentaria perversamente me interessar por ele. Mas não há, repito, e literalmente não me interesso por nada senão por sua volta. Não tenho nem mesmo seu romance para enganar o estômago. Os lânguidos e úmidos meses vão passando e nem sinal dele. Sobre a cornija da lareira, vejo tremeluzir o belo retrato de sua mulher – o gentil McClure* o trouxe há alguns meses, mas a imagem parece difusa, distante e deliciosa como a de uma beldade do século passado. Quisera eu que você tivesse

---

* Samuel Sidney McClure (1857-1949), jornalista e editor americano.

saudade – quisera eu que sua farra chegasse ao fim. O tempo anda sem feição. O verão está impregnado de reumatismo – uma estação sombria, sufocante, como nunca se viu. A cidade está vazia, mas não vou partir. Não tenho dinheiro, porém tenho algum trabalho. Faz pouco, escrevi uma série de relatos breves – esses você não vai ver enquanto não voltar para casa. Acabo de começar um romance* que deve sair pela *Atlantic* a partir de 1º de janeiro e que espero concluir antes do fim deste ano. Na verdade, acho que não estarei livre dele até meados do ano que vem. Depois disso, se Deus quiser, não vou, por um bom período, escrever nada que não seja breve. Quero deixar uma multidão de imagens do meu tempo, projetando meu pequeno foco circular sobre o maior número possível de pontos, primando tanto pelo número como pela qualidade, de tal forma que o número chegue a um conjunto que tenha valor como observação e testemunho. Mas não há uma única criatura aqui para quem eu possa sequer murmurar tal intenção. Nada se destaca nestas ilhas a não ser a vil politicagem. A crítica é de uma estupidez e de uma puerilidade abjetas – ela não existe; ela rebaixa a inteligência de nossa raça a um nível muito rasteiro. Todas as manhãs, Lang, no *D.N.*** e, creio, em centenas de outros lugares, emprega seu estro fácil e frágil para reduzir tudo ao mais baixo nível da falação filistina – é a visão da velhota aqui ao lado ou do sabichão a uma mesa de jantar. Outro dia, a Sociedade dos Autores Ltda. (sou membro e acho que você também, embora eu não saiba bem de que se trate) ofereceu um jantar aos literatos americanos para lhes agradecer as preces em prol do *copyright* internacional. Eu tive

---

* *The Tragic Muse.*
** *Daily News.*

o cuidado de me abster por achar precipitada a comemoração, e vejo pelo *Times* desta manhã que a ventilada ventura nunca esteve tão distante. Edmund Gosse enviou-me uma engenhosa biografia de Congreve, que acaba de sair, e eu a li, mas não é tão boa quanto a outra, de Raleigh. Mas basta deste assunto insuportável. [...]* Vamos, meu caro Louis, não vivamos à míngua. Não tenho como demovê-lo porque, como disse, mal consigo concebê-lo. Você matou a imaginação em mim – aquela fração que o figurava e na qual você aparecia vívido e próximo. Sua mulher, sua mãe e o Sr. Lloyd sofrem também, devo confessar, desta falta de alento, de fé. Tenho, claro, sua carta de Manasquan (é este o nome estúpido?) do dia... Mas que ingenuidade a minha, pensar que havia uma data! Era terrivelmente impessoal – de pouco me serviu. Mais um pouco e já não acreditarei em você, já não poderei lhe mandar minhas bênçãos. Tome esta, portanto, como sua última chance. Sigo seus passos com uma asa dolorida, uma geografia inadequada e uma esperança imorredoura. Sempre seu, meu caro Louis, até o último ralho,

Henry James

[39] **STEVENSON A JAMES**
Honolulu
março [1889]

Meu caro James,
  É verdade – confesso –, estou em falta com a amizade e (o que não é tão grave, mas ainda assim digno de nota) com a

---

* Trecho ilegível – duas páginas de garatujas.

civilização. Passo mais um ano longe de casa. Aí está, nu e cru, e agora sim é que você não põe mais fé em mim e é benfeito (dirá você) e que o diabo me carregue. Mas veja bem, e me julgue com brandura. Tive mais diversão e prazer nos últimos meses do que jamais em minha vida, e mais saúde do que em dez longos anos. E mesmo aqui em Honolulu o frio me fez murchar; estas preciosas águas estão repletas de ilhas a serem desbravadas; e ainda que o mar seja um ambiente funesto, gosto de navegar; e gosto das borrascas (depois que elas passam); chegar a uma nova ilha, não sei nem dizer como isso é bom! Em suma: levo por mais um ano esta vida e pretendo tentar me esquivar às flechas envenenadas e pretendo (se possível) voltar são e salvo e conversar com Henry James como outrora; nesse meio-tempo, deixo instruções a H. J. para que me escreva mais uma vez. Que ele envie sua carta aqui para Honolulu, pois meus rumos são incertos; se ela for enviada para cá, há de me seguir e me encontrar, se eu puder ser encontrado; e se eu não puder ser encontrado, o bom James terá cumprido seu dever, e nós estaremos no fundo do mar, onde não se pode esperar que carteiro algum nos descubra, ou definhando numa ilha de coral, servos resignados de algum potentado bárbaro – quiçá até de um Missionário Americano. Minha mulher acaba de enviar à Sra. Sitwell uma tradução (*tant bien que mal*) de uma carta que recebi de meu melhor amigo neste canto do mundo: vá visitá-la e dê uma espiadela na carta; vai lhe fazer bem; é um método de correspondência ainda melhor que o de Henry James. Faço troça, mas, de verdade, é uma coisa estranha para um escriba de meia-idade, gasto e doente como R.L.S., receber uma tal carta de um homem de 50 anos, político de destaque, orador de primeira, a melhor cabeça de seu vilarejo: em poucas palavras, "o deputado mais popular de Tautira". Meu século 19 veio dar aqui, e se posta ao lado de algo belo e ancestral. Acho que o destinatário de uma carta como essa deveria se cobrir de modéstia – até Mallock,* diria – e, para mim, mais vale tê-la recebido do que ter escrito *Redgauntlet* ou o sexto canto da *Eneida*. Dito isto, se meus livros me permitiram ou me ajudaram a fazer esta viagem, a conhecer Rui e a receber essa carta, eles não terão sido (segundo a velha fórmula dos prefácios) escritos em vão. Isto pode soar menos a modéstia que a fanfarronice; porém posso lhe garantir que, de fato, as duas coisas são verdade. Um pouco do que diz a tal carta é mérito meu; não tudo, mas um pouco pelo menos; e este pouco me orgulha, e todo o resto me envergonha; e quão mais belo é no geral o homem antigo se comparado ao de hoje!

Ora, ora, Henry James é um bom homem, muito embora *seja* do século 19, e isso a olhos vistos. E para cair em suas graças, quisera eu ser mais explícito; mas, de fato, não tenho como ser menos vago, e não sei dizer o que vou fazer, nem para onde vou por algum tempo ainda. Assim que eu tiver certeza, você saberá. Todos vão muito bem – a mulher, sua compatriota, menos que todos; os problemas não são completamente alheios; mas no geral prosperamos, e somos, afetuosamente, seu,

Robert Louis Stevenson

Enviei dois taitianos para você. Tati, meu chefe, é muito interessante; ambos são, em certo sentido, seja bom com eles!**

---

* W. H. Mallock, de quem Stevenson não gostava. Nome havia sido excluído das publicações anteriores.
** Trecho ausente na edição de Colvin.

*[carta Ori]

Faço você saber de meu grande afeto. Na hora em que você nos deixou, fiquei cheio de lágrimas; minha mulher, Rui Telime, também, e todo o pessoal da casa. Quando você embarcou, senti um grande sofrimento. É por isso que eu fui até a estrada, e você olhou daquele navio, e eu olhei para você no navio com grande tristeza até que vocês levantaram âncora e içaram as velas. Quando o navio partiu, corri pela praia para ver você ainda; e quando você já estava em mar aberto eu gritei para você: "Adeus, Louis"; e quando estava voltando para minha casa, tive a impressão de ouvir sua voz dizendo: "Rui, adeus". Depois fiquei olhando o navio o quanto pude até cair a noite; e quando ficou escuro eu disse para mim mesmo: se eu tivesse asas, voaria para o navio para encontrar vocês e para dormir no meio de vocês, para poder voltar à costa e dizer a Rui Telime "eu dormi no navio de Teriitera".

Depois disso, nós passamos aquela noite na impaciência da tristeza. Por volta de oito horas eu tive a impressão de ouvir sua voz, "Teriitera – Rui – aqui está a hora de *putter* [queijo] e *tiro* [melaço]". Eu não dormi aquela noite, pensando continuamente em você, meu querido amigo, até de manhã; estando então ainda acordado, fui ver Tapina Tutu na cama dela, e, ai de mim, ela não estava lá. Depois olhei nos quartos de vocês; não fiquei feliz como antes. Não ouvi sua voz dizendo "Olá, Rui"; pensei então que você tinha partido e que você tinha me deixado. Então saí, fui à praia para ver seu navio e não vi. Aí, chorei até a noite, dizendo para mim mesmo sem parar "Teriitera volta para seu próprio país e deixa seu querido Rui na tristeza, e por isso eu sofro por ele e choro por ele". Não vou esquecer você em minha memória. Aqui está o pensamento: eu desejo encontrar você de novo. É o meu querido Teriitera a única riqueza que eu desejo neste mundo. São os seus olhos que eu desejo ver de novo. O que deve ser é que meu corpo e seu corpo vão comer juntos na mesma mesa: aí está o que faria meu coração contente. Mas agora estamos separados. Que Deus esteja com vocês todos. Que Sua palavra e Sua misericórdia acompanhem vocês, para que vocês fiquem bem e nós também, segundo as palavras de Paulo.

Ori-a-Ori, quer dizer,
Rui

[40] JAMES A STEVENSON*
De Vere Gardens, 34, West London
29 de abril [1889]

São notícias horríveis, meu caro Louis, notícias odiosas para quem tinha meticulosamente se programado para passar o próximo agosto devorando suas histórias – perto de uma das janelas que dão para o jardim de Skerryvore – como o *lazzarone* napolitano engole os filamentos lubrificados do *vermicelli*. Ainda assim, com minha terrível capacidade de compreendê-las, sou forte o suficiente, superior o suficiente, para dizer *qualquer coisa*, para conversar, depois. É à luz de conversa ilimitada que eu vejo os anos vindouros, e minha honrosa poltrona à beira do fogo precisará de uma sucessão de novas almofadas. Você me faz uma falta escandalosa, porque, meu bom camarada, não há ninguém – literalmente ninguém; e eu de modo algum o acompanho, não posso segui-lo (quero dizer na minha capacidade de conceber e de "perceber") e agora é absolutamente

---

* Beinecke Library, manuscrito 4945.

como se você estivesse morto para mim – quero dizer, para minha imaginação, claro – não para meus afetos ou minhas orações. Então me resignarei a limitar seus possíveis maus tratos, e ficarei perplexo, a suspirar, decididamente de lado, para todo o sempre.

Nada poderia ser melhor do que saber, por notícias escritas de seu próprio punho, que sua saúde e alegria estão exaltadas, e, se outro ano vai botá-lo na linha, de modo que você não "se desfaça" novamente, tentarei me manter ao longo dos áridos meses. Irei ter com a Sra. Sitwell para ouvir o que o fez corar – deve ser algo muito radical. Seus chefes tribais são turvos para mim – por que não seriam, quando até você é? *Va* por mais um ano – mas não fique distante muito mais do que isso, pois precisaríamos, por legítima defesa, sobreviver a você. [...]* Eu mesmo não faço muito mais do que ficar em casa e escrever uns contos – alguns até longos – que você verá quando voltar. Nada me convenceria, ao enviá-los a você, a me expor a prejudiciais comparações polinésias. No mais, não há nada nesta terra a não ser o eterno conflito irlandês – o lugar está todo retalhado e ensanguentado com isso. Não há muito o que falar – estou cansado demais de tudo isso –, a não ser que dois ou três dos dias mais interessantes que já vivi foram recentemente na empacotada, pulsante e emocionante pequena corte da Comissão Especial, a respeito do surpreendente drama das cartas forjadas do *Times*.**

---

* Trecho ilegível.
** Em abril de 1887, o *Times* londrino publicou uma série de artigos, "Parnellism and crime", nos quais Charles Stewart Parnell (1846-1891), líder da facção irlandesa na Casa dos Comuns e defensor do Home Rule, foi acusado de ser cúmplice nos assassinatos do Phoenix Park. Mas os artigos baseavam-se em cartas falsas, forjadas por Charles Pigott, um extremista nacionalista. Numa

Tenho uma esperança, um sonho – que sua mãe volte para casa e que possamos ir vê-la e sorver-lhe as narrações. Mas parece-me vão e improvável. Uma bela, maravilhosa carta de sua esposa para Colvin, há alguns meses, parecia indicar que *ela* não se opõe à sua vida selvagem e rebelde. Espero que essa vida sirva um pouco a ela também – quero dizer, que renove sua juventude e suas forças. Será penosa a espera – por sua prosa e por sua pessoa – especialmente porque a prosa não pode ser melhor do que já é, mas a pessoa sim.

Do seu, sinceramente,

Henry James

[41] STEVENSON A JAMES
Sidney, Union Club
19 de fevereiro [1890]

Aqui – na excelente, civilizada e antípoda sala de fumar deste clube, acabo de ler a primeira parte de seu *Solution*.* Meu caro Henry James, isso é arte fina; não se acanhe com a sombra de

---

das cartas, Parnell supostamente mandava matar os representantes do governo britânico em Dublin. O caso foi levado ao tribunal e, em fevereiro de 1890, Pigott confessou a armação e cometeu suicídio logo após, e Parnell foi absolvido das falsas acusações. James e sua irmã Alice tinham um grande interesse pela "questão irlandesa". No início de 1886, ele escreveu a Grace Norton "We are up to our necks in the Irish question". Enquanto Alice era beligerante, James achava que a Irlanda estava se deleitando em formas odiosas de irresponsabilidade e licenciosidade: "I see no greatness, nor any kind of superiority in them... They have been abominably treated in the past – but their wrongs appear to me, in our time, to have occupied the conscience of England only too much to the exclusion of other things" (EDEL, 1996, p. 320).

* *The Solution*, novela publicada na *New Review* de dezembro de 1889 a fevereiro de 1890. Saiu depois em *The Lesson of the Master* (1892).

seus competidores franceses: nenhum deles, nem Maupassant, poderia ter feito algo mais rematado e refinado; seco no toque, mas a atmosfera (como num belo por do sol de verão) é abundante em cor e perfume. Não direi mais; esta nota é *de solutione*; a não ser que eu – que nós – somos todos seus sinceros amigos, e esperamos apertar sua mão em junho.

Robert Louis Stevenson

assinado, selado e
lavrado como seu próprio ato
e feito,
e pensativo e reflexivo,
neste dia dezenove de fevereiro do ano de nosso Senhor
mil oitocentos e noventa
e nada.

[42] JAMES A STEVENSON*
De Vere Gardens, 34, West London
21 de março [1890]

Meu caro Louis e minha cara Sra. Louis,

Dou-me conta, com horror e vergonha, que, nos próximos meses, seu retorno à Inglaterra** tornar-se-á uma tal realidade

---

* Beinecke Library, manuscrito 4946. Os comentários sobre a saúde de Colvin não fazem parte da edição de Lubbock.
** Apenas algumas semanas depois de chegarem a Upolu, Fanny e Louis decidiram começar uma plantação em Samoa. A proximidade da civilização – havia um transporte mensal a Sydney que levava apenas nove dias e o correio para a Inglaterra demorava semanas, não meses – influenciou a decisão. Compraram uma propriedade no Mount Vaea, a aproximadamente 5 quilômetros de Ápia, com pelo menos cinquenta cabeças de gado e porcos. Havia duas cachoeiras

que dentro em pouco eu estarei frente a frente com vocês, estigmatizado pela infâmia quase criminal do meu longo silêncio. Deixe-me romper o silêncio, então, antes que a felicidade em encontrá-los novamente (que os céus apressem esse dia) seja mitigada pela apreensão com o seu desdém. Despacho essas palavras incoerentes para Sydney, na esperança de que elas possam lhes alcançar antes de vocês embarcarem rumo à nossa palpitante Inglaterra. Minha desprezível mudez foi um vil acidente – não preciso nem dizer que não houve a menor pretensão e que não faz nenhum sentido. Tive simplesmente o ano mais atarefado de minha vida e fui de tal forma drenado do fluido da expressão – interligado como está ao cântaro público – que toda minha correspondência secou e morreu de sede. Ademais, vocês tinham de certo modo se tornado inacessíveis à mente assim como ao corpo, e tinha a sensação de que, em meio a aventuras tão intensas, qualquer notícia minha seria mera falação irrelevante para vocês. Agora, no entanto, vocês *têm de* aceitar as coisas como elas são. Não será nenhuma novidade para vocês o fato de que a perspectiva de seu retorno tornou-se indiscutivelmente a questão do dia. As outras duas questões (a eterna questão irlandesa e Rudyard Kipling) ficaram de fora. (Nós lhe diremos tudo a respeito de Rudyard Kipling* – seu rival nascente; ele já liquidou um imortal – Rider

---

e muitos córregos. Deram-lhe o nome de Vailima, que em inglês significa *five waters*. A propriedade era no topo da montanha, e eles logo arranjaram para que um caminho fosse aberto e uma casa construída. No início de 1890, ele começou a escrever para os amigos para justificar a decisão de permanecer ali. Mas estava planejando uma viagem de volta para arrumar as malas e vender Skerryvore (HARMAN, p. 396).

* James conheceu Kipling em 1890, e foram amigos até o fim da vida. Quando leu *Mine Own People*, James ficou encantado com o jovem escritor indiano, e escreveu um prefácio para a edição americana do livro como um favor para seu

Hagaard; a estrela da vez, 24 anos, autor de notáveis histórias anglo-indianas sobre a vida nos quartéis – Tommy Atkins – e extraordinária capacidade de observação). Neste momento, me comprometi (com Colvin) a pleitear ardentemente com vocês sobre a questão de Samoa e sua expatriação. Mas, de alguma forma, quando chega a hora, não posso fazê-lo – em parte porque não consigo acreditar em nada tão horrível (um longo bramido de horror emergiu de todos os seus amigos) e em parte porque antes que qualquer passo assim tão definitivo seja irreversivelmente dado, nós teremos a chance de vê-los e de coroá-los com flores. Quando eu ouvir de seus próprios lábios melodiosos que vocês estão decididos, veremos o que há para ser feito; mas não tomarei nada por certo até que vocês alcem voo ou botem os pés na soleira da porta. Colvin acaba de me contar as últimas novidades inomináveis – quero dizer, a viagem à Samoa e tudo o que a precedeu, e sua mãe gentilmente me comunicou suas próprias informações maravilhosas. Portanto, meu silêncio esteve repleto de som – um som às vezes infinitamente amedrontador. Mas a alegria com a sua saúde, meu caro Louis, é uma sensação da qual compartilho – e me faz muito mais feliz do que qualquer coisa que pudesse vir de mim mesmo. Não há nada que possa acontecer comigo que me fará tão bem quanto saber que você está bem. Somos pobres criaturas, submissas e aterrorizadas, do alfaiate e da criada de fora; mas *temos* um ou dois sentimentos *nobres*, mesmo assim. Sua volta provavelmente será melhor para o caro e velho Colvin que qualquer remédio, especialmente porque,

---

amigo Wolcott Balestier. Mas ali já tinha uma ressalva: "If the invention should ever fail Kipling, he would still have the lyric string and the patriotic chord, on which he plays admirably". Quando leu *The Ligh that Failed*, ele admitiu que "there the talent has sometimes failed" (EDEL, 1996, p. 411).

depois de dias sombrios, ou meses, ele parece mesmo ter virado sua face para a direção certa. Não o desaponte e não o deixe na mão. Ele está tristemente magro, mas você o fará robusto. (Veja como sou astuto quando queria parecer desinteressado.) De verdade, será uma cura para ele ver você – e o oposto se daria caso ele o perdesse.* Eu, graças a Deus, estou em melhor forma do que quando você embarcou pela primeira vez. Recentemente terminei o romance mais longo e mais caprichado que já escrevi** (ele saiu em um periódico por 16 meses) e o último, neste formato, que jamais farei – sairá como livro em maio. E outras coisas rasas demais para serem rugidas pelo tubo australasiano. Mas a vibração mais intensa de minha vida literária, assim como da de muitos outros, foi *O morgado de Ballantrae* – uma joia pura, meu garoto, uma obra de arte inefável e superior. Ela nos deixa a todos tão orgulhosos de você quanto você pode se orgulhar *dela*. Deixe-o enrubescer, traga-o de volta pela mão, florescendo, cara Sra. Louis, e falaremos sobre tudo, conforme costumávamos fazer outrora em Skerryvore. Quando nós *tivermos* falado sobre tudo e quando todas as suas histórias tiverem sido contadas, então vocês poderão remar de volta à Samoa. Mas paremos por agora. Minhas saudações mais cordiais ao jovem Lloyd – que está ficando grisalho antes da hora, temo. Fiquei desolado em saber da situação delicada de seu genro. Espero que toda essa tensão tenha passado agora. *Recebam* esta carta antes de embarcar – *não* embarquem antes de recebê-la. Aí, então, partam imediatamente.

---

* Colvin encarou a notícia da mudança de Stevenson para Samoa como uma ofensa pessoal. Em seu *Memories and Notes* ele escreveu: "I persuaded myself that from living permanently in that outlandish world and far from cultivated society both [Stevenson] and his writing must deteriorate" (HARMAN, p. 397).
** *The Tragic Muse*.

Mando um volume da Estrela Nascente para que o ciúme os precipite até aqui. Foi o que ele fez a seu negligenciado, ainda que negligente amigo,

Henry James

[43] JAMES A STEVENSON
De Vere Gardens, 34, West London
28 de abril [1890]

Meu caro Louis,

Não respondi, por duas razões, à sua deliciosa carta, ou melhor, ao seu notável bilhete enviado do Sydney Club, mas preciso agradecê-lo por ele agora, antes que as torrentes o tenham engolido ou lavado de qualquer reminiscência do gosto das coisas terrestres – os trabalhos caseiros dos seus amigos, marinheiros de primeira viagem. Uma das razões mencionadas é que eu havia escrito a Sydney (A/C do enigmático Townes) apenas alguns dias antes da chegada de seu bilhete; a outra é que até poucos dias atrás eu alimentava a doce ilusão de que você já teria partido rumo à Inglaterra antes que qualquer coisa pudesse lhe alcançar. Esta esperança tão cara a todos nós foi despedaçada de uma forma para a qual a história fornece um paralelo apenas no comportamento de suas mais famosas coquetes e cortesãs. Você é de fato a Cleópatra macho ou a Pompadour pirata das Profundezas – a Libertina errante do Pacífico. Você nos acena com todo tipo de provocação e possibilidade – e mal temos tempo de abrir os braços para recebê-lo antes de você nos dar suas costas imortais e levantar voo de forma ainda mais provocadora. A moral da história é que temos de permanecer castos, queiramos ou não. De verdade, foi realmente uma decepção ter junho substituído por setembro; mas acredito cegamente na providência que zela por você, em detrimento de todos os outros assuntos humanos – acredito que até mesmo *Ele* desconfie que você sabe o que faz, e mesmo o que *Ele* faz, ainda que a uma hora dessas *Ele* não já não saiba mais quem é. Além do quê, tenho razões egoístas para me resignar com o fato de que estarei na Inglaterra em setembro, ao passo que, para meu mais intolerável tormento, provavelmente não poderia estar em junho. Portanto, quando você vier, se algum dia você vier, o que do fundo do meu coração eu duvido, eu o verei em todo seu estranho brilho exótico, com sua pintura, suas contas e plumas. Que você cultive uma magnífica safra extra de todas essas coisas (pois elas lhe trarão uma fortuna aqui) nesse verão extra que lhe foi concedido à nossa revelia. Para mim é fascinante e delicioso ver seu apetite pelo *meu* simples pudim caseiro, depois de todos os selvagens petiscos canibais a que você se acostumou. Penso o melhor do pobre pequeno estudo escrito em nosso a duras penas familiar dialeto depois de saber que ele pôde suportar tais viagens e resistir a tais testes. Você alimentou uma vaga presunção em mim – a de tentar chegar até você em junho ou julho com um romance terrivelmente palavroso, mas muito bem-acabado, que sai (provavelmente) nos últimos dias de maio. Se tivesse certeza de que ele lhe alcançaria em algum recife de coral, não hesitaria; porque, sendo sincero e egoísta, não posso (espiritualmente) *não* colocar o livro sob os olhos do único Anglo-saxão capaz de perceber – ainda que não ligue para mais nada nele – quão bem escrito é. Portanto, vou provavelmente lançá-lo às águas e rezar por ele; como suponho que você voltará a Sydney, ele talvez lhe encontre lá, e você pode lê-lo na viagem de volta. Naquela caixa, você *vai ter de*. Não digo isso para suborná-lo antecipadamente a uma tolerância sobrenatural – mas tenho a impressão de que não deixei claro ou disse o suficiente em minha última carta que vida literária grandiosa seu *Morgado de B.* está levando aqui. De algum modo, um milagre se deu para você (todos eles são para você) e a boa e velha indulgência do gosto inglês *vibrou* com reconhecimento preternatural. Uma quantidade improvável de gente percebeu que *O morgado* é "bem escrito". É o maior sucesso de crítica que o público leitor inglês pode agora outorgar; onde falhou (o sucesso, salvo que de modo algum falhou!) foi devido à incapacidade constitucional dos árbitros – infectados, por relações vulgares, como se tivessem uma doença inominável. Nós perdemos nosso status – *nous n'avons plus qualité* – para julgar. Não obstante, ano passado você nos despertou no meio da noite, por uma hora – e nós nos arrastamos para fora em nossa roupa de dormir, pulamos o muro do jardim e roubamos uns louros, que estamos brandindo desde então sobre sua cabeça ausente. Digo-lhe isso porque acho que Colvin (provavelmente foi ele – ele está visivelmente melhor – ou então a Sra. Sitwell) mencionou outro dia que você tinha perguntado, em uma comovente ignorância virginal, qual teria sido o destino do livro. Seu destino, meu bom camarada, foi simplesmente uma glória brilhante: e suponho – ou melhor, espero – que você descubra que o brilho também tiniu. Outro dia enviei-lhe um novo Zola, um pouco ao acaso: mas não estou seguro de que tenha satisfeito sua curiosidade. Não li *A besta humana* – a conhecemos sem isso – e me disseram que Zola relata seu objeto de forma maçante e imperfeita. Leria qualquer coisa nova dele – mas isso é velho, velho, velho. Espero que neste verão sua pena atravesse as profundezas da arte assim como sua proa, ou sua quilha, ou seja lá como for que isso se chama, vai sulcar os mares do Pacífico.

Em que estranhas e maravilhosas tintas você não poderá agora mergulhar sua pena! Banhe-se, eu lhe imploro, na nota penetrante da perfeição, até exalar seus aromas e essências! Diga à sua esposa, por favor, que leia nas entrelinhas tudo o que não tive ocasião de escrever diretamente para *ela*. Espero que ela tenha continuado a destilar para sua mãe o mel das impressões que, há alguns meses, a última me deixou provar por um ou dois dias – em longos favos de papel almaço amarelo. Elas dariam – *vão* dar – um livro deliciosamente agradável. Espero que Lloyd, que eu saúdo e abençoo – esteja vivendo à altura de seus privilégios juvenis – e segregando mel também, de acordo com a doce disciplina da colmeia. Há ainda muito mais coisas para lhe dizer, sem dúvida, mas, se eu continuar, todas elas tomarão a forma de questões, e isso não seria justo. A coisa suprema a dizer é Não, ah *não*, simplesmente arruíne nossos nervos e temperamentos pelo o resto da vida ao não jogar a âncora em setembro, para aquele que, uma vez na vida, não vai errar o lance:

H.J.

[44] STEVENSON A JAMES*
Sydney, Union Club
19 de agosto [1890]

Meu caro Henry James,

Kipling é bom demais para durar. *A besta humana* eu já tinha lido em Noumea, enquanto interrogava os descendentes do bando de condenados. Ele, sim, é uma Besta; mas não hu-

---

* BOTH; MEHEW, vol. VI. A versão publicada por Colvin está significativamente diferente desta e tem muitas passagens excluídas.

mana, e, para ser sincero, não muito interessante. "Doenças nervosas: a ala dos homicidas" seria o título mais apropriado. Ah, esse jogo começa a ficar cansativo.

Suas duas cartas longas e amáveis ajudaram a entreter este velho e familiar leito de doente. Assim como um livro intitulado *The Bondman*, de Hall Caine;* gostaria que você desse uma olhada nele. Eis um homem que melhora muito rapidamente. Ele leu um pouco de Victor Hugo; mas, se não me engano, ele tem talento. Não estou nem na metade ainda. Acabo de ler a separação entre Michael e Greeba e, sabe, pareceu-me que está tudo ali: a nota, meu senhor, a nota almejada. Leia o livro, e me diga o que achou. Hall Caine, a propósito, aparentemente adota o ponto de vista de Hugo sobre a História e a Cronologia. (Depois, o livro não se mantém; ele fica selvagem.)

Minha carta para o Dr. Hyde enche-me de vergonha. Ela é brutal e cruel: *la Bête Humaine, quoi*! Quisera eu ter recuperado minha compostura antes de tê-la escrito. Levei quatro meses para recuperar minha compostura; por aí você calcula o tamanho da minha fúria. Geralmente me recomponho em dez minutos, e, quase sem exceção, em 24 horas. Mas o Dr. Hyde teve a capacidade de tocar bem na minha ferida; e a consequência disso é que fui injusto com ele, e agora me arrependo**.

---

* Hall Caine (1853-1931), autor de romances sentimentais, acabara de publicar *The Bondman*.
** O reverendo C.M. Hyde, missionário americano no Havaí, escrevera uma carta denegrindo o trabalho do finado padre Damien (Joseph de Veuster) da ilha de Molokai, um missionário belga que dedicara 26 anos de sua vida a cuidar dos leprosos de lá. Stevenson passara doze dias em Molokai no ano anterior, e, em suas palavras, encontrou um homem "Superb with generosity, residual candour and fundamental good humour. [...] A man, with all the grime and paltriness of mankind; but a saint and a hero all the more for that" (HARMAN, p. 376). Stevenson provavelmente leu a carta de Hyde num jornal

Preciso lhe dizer abertamente – *não posso* dizer a Colvin – que acho que não voltarei à Inglaterra mais do que uma vez, e então será para morrer. De saúde eu gozo nos trópicos; até aqui, a que chamam sub ou semitropical, só venho para pegar resfriado. Não botei os pés para fora desde minha chegada; passo meu tempo aqui num bom quarto, ao lado da lareira, e leio livros e cartas de Henry James, e peço que me tragam seu *Tragic Muse*, apenas para que me digam que ainda não é possível achar tal livro em Sydney; e, no geral, vivo placidamente. Mas não posso sair! O termômetro marcava quase 50 graus* outro dia: não é temperatura para mim, Sr. James – como poderia viver na Inglaterra? Desconfio que não sobreviveria. E isto me deixa muito mal? Você pode imaginar como Colvin me pesa na consciência; sinto como se fosse o pior tipo de deserção; mas, ainda assim, ir para casa apenas para ser enterrado não o ajudaria muito. Sinto por Henry James, pela velha Lady Taylor** e mais umas quatro pessoas na Inglaterra, e uma nos Estados Unidos. Fora isso, simplesmente prefiro Samoa. Estas são palavras sinceras e sóbrias. (Me abstenho de tudo, menos do pecado, da tosse, de *Bondman*, alguns ovos e uma xícara de chá.) Nunca fui afeito a cidades, casas, sociedade ou (parece) civilização. Tampouco, ao que parece, sou muito afei-

---

de Sydney, como parte de um artigo requentado de um jornal religioso. Stevenson preparou uma réplica impetuosa, "Father Damien: An Open Letter to the Reverend Dr. Hyde of Honolulu", que imprimiu e distribuiu entre seus amigos e pessoas influentes, incluindo a rainha Victoria, o presidente dos Estados Unidos e o Papa. Stevenson esperou em vão por uma resposta durante quatro meses (HARMAN, p. 400-401).

* Dez graus Celsius.
** A viúva do poeta Sir Henry Taylor, de quem Stevenson era amigo. Mesmo após a morte do poeta, em 1886, permaneceu próximo de Lady Taylor e de suas filhas Ida e Una, escritoras.

to às (tecnicamente chamadas) verdes pastagens de Deus. O mar, as ilhas e os ilhéus, a vida e o clima insular me fazem – e me conservam – verdadeiramente mais feliz. Nesses dois últimos anos passei muito tempo no mar, e jamais *cansei*, algumas vezes eu de fato ansiei por um porto; mas na maior parte das vezes me entristecia que a viagem acabasse tão cedo; e nem uma vez sequer deixei de ser fiel ao mar azul e a um navio. Está claro portanto para mim que meu exílio no lugar das escunas e ilhas não pode de modo algum ser visto como uma calamidade. Mas para Colvin talvez seja. Fico contente que agora você o conheça: faz com que fique menos solitário, para começar; porque como você sem dúvida já percebeu, no meio daquele burburinho da sociedade, o homem está quase absolutamente sozinho. Quase ninguém o conhece, ele tem uma casca; há carne boa por dentro, mas a casca é intransponível para a grande maioria dos dentes.

Suspeito que nem você nem Colvin tenham estômago para o mar: vocês não poderiam ambos vir nos visitar? Dizem que a náusea faz bem para o fígado. Falaremos sobre isso em outro momento.

Adeus, por ora: preciso pegar minhas provas.

N.B. Até minha mulher sucumbiu um pouco ao mar. Ela mal podia esperar, na última vez em que estávamos em terra firme, para embarcar de novo. Do seu, sempre,

R.L.S.

[45] STEVENSON A JAMES*
Vailima, Apia, Samoa
29 de dezembro [1890]

Meu caro Henry James,

É horrível quão pouco todos escrevem, e quanto deste pouco desaparece nas vastas entranhas do Correio. Muitas cartas, tanto as que postei quanto as que me foram enviadas, sei agora que se perderam no caminho: estou de olho no Correio de Sydney, uma enorme estrutura desajeitada com uma torre, que me parece que não está muito longe da cena do crime; mas não tenho prova alguma. *The Tragic Muse*, que você disse que estava a caminho, eu já havia encomendado a um livreiro de Sydney: há cerca de dois meses ele me disse que tinha expedido um exemplar para mim; e eu sigo tragicamente sem musa.

Notícias, notícias, notícias. Que sabemos das suas? Que lhe importam as nossas? Estamos no meio da estação das chuvas, e vivemos entre alarmes de furacões, em um caixote de madeira de dois andares, nada seguro, 650 pés acima do nível do mar e a 3 milhas de distância da praia.** Atrás de nós, até a outra encosta da ilha, florestas desertas, picos, e torrentes ruidosas; em frente, encostas verdes que dão no mar, das quais dominamos cerca de 50 milhas.*** Vemos os navios entrar e sair da perigosa enseada de Ápia; e, se eles ancoram ao longe, podemos até ver seus mastros superiores quando estão fundeados. De sons humanos, além daqueles dos nossos próprios trabalhadores,

---

* BOOTH; MEHEW, vol. VII. Versão ligeiramente diferente, com algumas correções e uma passagem a mais.
** 200 metros de altitude e cerca de 5 quilômetros de distância da praia.
*** 80 quilômetros.

alcançam-nos, em longos intervalos, saudações dos navios de guerra no porto, o sino da catedral, e o mugido da concha chamando os meninos que trabalham nas plantações alemãs. Ontem, que foi um domingo – a *quantième* é muito provavelmente errônea; você pode agora corrigi-la – tivemos um visitante – Baker de Tonga. Já ouviu falar dele? É um grande homem aqui; acusado de roubo, estupro, assassinato judicial, envenenamento, aborto, desvio de dinheiro público – e, estranhamente, não de falsificação ou de incêndio criminoso: você ficaria espantado em ver como chovem acusações nesse mundo dos Mares do Sul. Não tenho dúvidas de que eu mesmo já seja um personagem ilustre; se ainda não for o caso, não deve tardar.

Mas nem todos os nossos recursos ultimamente vêm do Pacífico. Nós tivemos companhia esclarecida: o pintor La Farge* e seu amigo Henry Adams:** um grande privilégio – se ao menos durasse. Iria vê-los com mais frequência, mas é um lugar complicado de se chegar a cavalo. Tive de fazer meu cavalo nadar da última vez que fui até lá para jantar; e como ainda não devolvi as roupas que tive de emprestar, não ouso voltar se tiver que passar pelo mesmo apuro: parece inevitável – assim que as roupas estiverem limpas, que eu não me meta imediatamente na camisa ou nas calças do cônsul americano! Eles, creio, viriam me ver com mais frequência não fosse a dúvida horrenda que pesa sobre nosso departamento de abastecimento: *frequentemente* não temos quase nada para comer; um convidado simplesmente quebraria a banca; minha mulher e

---

* John La Farge (1835-1910), pintor, era um velho amigo de Henry James. Ele acompanhou Henry Adams à viagem que fez pelos Mares do Sul.
** Henry Adams (1838-1918), escritor e historiador.

eu jantamos um abacate; muitas vezes jantei pão duro e cebolas. O que você faria com um convidado em época de vacas magras? Você o comeria? Ou serviria um *fricassé* de trabalhador? No entanto nós nos encontramos e me agrada muito.

Trabalho? O trabalho está parado agora; mas escrevi, creio, uns trinta capítulos do livro sobre os Mares do Sul,* e todos eles vão precisar de retoques, suponho. Meu Deus, que provação que é um livro longo! O tempo que me tomou para conceber esse volume, antes que eu sonhasse em começar a colocar as coisas no papel, foi excessivo; e depois imagine escrever um livro de viagens *in loco*, quando estou continuamente expandindo minhas informações, revendo minhas opiniões, e vendo as mais bem acabadas partes do meu trabalho desmoronar. Logo, logo não terei mais nenhuma opinião. E sem uma opinião, como amarrar artisticamente um vasto acúmulo de fatos? Darwin disse que ninguém poderia observar sem uma teoria; suponho que ele estivesse certo; é um ponto delicado da metafísica; mas posso jurar que nenhum homem é capaz de escrever sem uma – ao menos da forma como ele gostaria, e minhas teorias derretem, derretem, derretem, e, enquanto elas derretem, as águas do degelo levam embora minha escrita e deixam uma vastidão de áreas vazias – desertos ao invés de terras cultivadas.

Kipling é de longe o jovem mais promissor que apareceu desde que – aham – eu apareci. Sua precocidade e a variedade de seus dotes me espantam. Mas sua prolixidade e pressa me preocupam. Ele deveria proteger sua chama com as duas mãos e "juntar toda sua força e sua doçura em uma mesma bala" ("envolver toda sua força e toda sua doçura com uma mesma

---

* *Nos mares do sul* é uma reunião de 47 artigos publicados em folhetim na *New York Sun* e depois em livro pela Scribner's, em 1896.

bala"? Não me lembro exatamente das palavras de Marvell).* É o que os críticos sempre me disseram; mas nunca fui capaz – e certamente nunca culpado – de uma tal produção orgiástica. Nesse ritmo, suas obras vão rapidamente submergir a superfície habitável do globo; e certamente ele tinha bala na agulha para mais do que estes *sketches* sucintos e esses versos lançados ao vento, não? Eu olho, admiro, regozijo-me; mas numa certa ambição que nós todos temos por nossa língua e literatura, me sinto ferido. Tivesse eu a fertilidade e coragem desse homem, creio que poderia erigir uma pirâmide.

Bem, nós começamos a ser fósseis antiquados agora; e já estava mais do que na hora de *algo* surgir para tomar nosso lugar. Certamente Kipling tem o dom; as fadas madrinhas estavam todas embriagadas no seu batismo: o que ele vai fazer com isso?

Vou tentar mandar todo mês uma carta longa a Colvin, a qual, suponho, ele deixará você ver, se tiver algum interesse. Minha mulher teve um abcesso na orelha, mas está melhor agora, e espero que se mantenha razoavelmente bem. Somos um casal muito louco para levar uma vida assim tão rude, mas nós nos saímos muito bem: ela é jeitosa e inventiva, e eu tenho uma qualidade, eu não resmungo. O mais próximo que cheguei disso foi outro dia: tinha acabado de jantar, pensei por um momento, então mandei selar meu cavalo, fui até Ápia e jantei novamente – com um tremendo apetite, devo dizer; esta é minha melhor desculpa. Adeus, meu caro James; arrume um momento para escrever para nós, e registre sua carta.

Do seu, afetuosamente,

R.L.S.

---

* Cf. *To his Coy Mistress*: "Let us roll all our strength, and all / Our sweetness, up into one ball".

[46] JAMES A STEVENSON*
De Vere Gardens, 34, West London
12 de janeiro [1891]

Meu caro Louis,
   Devo-lhe uma resposta há muito tempo, vergonhosamente – e agora que lancei mão da pena, como se dizia, percebo o quanto ardo por me comunicar com você. Como, em sua magnanimidade, você talvez já tenha esquecido quanto tempo faz que me enviou, de Sydney, a trágica declaração de sua secessão permanente, não vou lembrá-lo de tão detestável data. Aquela declaração, na verdade, me reduziu ao silêncio que guardo há tanto tempo: não podia protestar – não protestei; eu até consenti mecanicamente e à minha revelia; mas não podia *falar* sobre isso – mesmo com você ou com sua mulher. Sentir sua falta é sempre uma dor perpétua – e dores são contraindicadas para as proezas ginásticas. Em suma, nós o perdoamos (que as Musas e as doces Paixões *nos* perdoem!), mas não podemos propriamente *tratá-lo* como se o tivéssemos feito. No entanto, nesse meio tempo há muitas coisas pelas quais tenho que lhe agradecer. Em primeiro lugar, por Lloyd. Ele esteve encantador, nós o adoramos – *nous nous l'arrachâmes*. É um jovem dos mais simpáticos, e nós nos deliciamos com sua conversa fluente e aplaudimos seus modos corteses. Como você nos achará vulgares quando voltar (tem malícia neste "quando"). Depois, pelas coisas belas e estranhas que você me mandou e que produzem em minha sala uma espécie de vago rumor semelhante à ressaca do Pacífico. Diante delas, meu coração bate – minha

---

* Beinecke Library, manuscrito 4928. A passagem sobre Gosse não consta da edição de Lubbock, mas Leon Edel a incluiu em suas *Selected Letters* (p. 243).

imaginação palpita – meus olhos se enchem de lágrimas. Cobri uma parede nua de meu quarto com um acre de tecido pintado, e é como se eu morasse numa tenda samoana – pendurei o triste desenho em sépia justamente onde, cinquenta vezes por dia, ele me faz lembrar de você. E hoje eu lhe agradeço pelo novo livro de baladas, que acaba de me alcançar por ordem sua. Só tive tempo de ler as primeiras peças – mas vou devorar o restante e partilhar minhas impressões antes de fechar esta carta. De passar os olhos, parecem-me cheias de encanto e da vida imaginativa e "proteica" que você leva – mas acima de tudo me parecem cheias de sua terrível distância. Meu estado de espírito é dos mais estranhos – uma espécie de deleite em saber que você está lá, pairando no inconcebível; e, ao mesmo tempo, uma sensação miserável de estar sentado num péssimo lugar no fundo da plateia, longe demais para acompanhar o espetáculo como se deve. Não quero perder nenhuma de suas vibrações e, do jeito que estou, alcanço apenas algumas delas – e isso é uma aflição constante. Li com um prazer irrestrito os primeiros capítulos de seu livro de prosa* (gentilmente concedido a mim no pequeno volume vermelho destinado ao sucesso); adorei-os e abençoei-os de verdade. Mas tenho *mesmo assim* uma restrição – senti falta do *visível* – quero dizer, no que diz respeito às pessoas, coisas, objetos, faces, corpos, trajes, feições, modos; senti falta dos elementos preliminares, do toque *pessoal* do pintor. Ou bem você não sentiu – por algum acidente – sua responsabilidade suficientemente engajada neste quesito ou bem, em função de alguma teoria sua, declinou dela. Nenhuma teoria que nos priva de *ver* é boa. Contudo, não tenho dúvida de que vamos esfregar os olhos de satisfa-

---

* *Nos mares do sul*, 1890.

ção antes que tenhamos terminado a leitura. É claro que as imagens – as abençoadas fotografias de Lloyd – *y sont pour beacoup*; mas eu queria sentir mais a nota do retrato. Sem dúvida, sou guloso – mas quem *não é* quando janta na Maison D'Or? Desconfio que você não tem senão um interesse acanhado por *Beau Austin* – de outro modo eu lhe contaria como estive religiosamente presente àquela *première* memorável.* Lloyd e sua maravilhosa e encantadora mãe já terão lhe contado os detalhes agradáveis da ocasião. Eu achei-a – não tanto a ocasião, mas a obra – cheia de *qualidade*, e estampada de encanto; mas, por outro lado, parece desdenhar um pouco demais as precauções cênicas. Desconfio, no entanto, que você não dá a menor importância para esse assunto, e não vou incomodá-lo mais a respeito a não ser para dizer que a peça foi repetidamente encenada, que foi o único acontecimento digno que se discutiu *dans notre sale tripot* depois de muito tempo, e que W. Archer *en raffole* periodicamente no *World*. Não me despreze demais se eu confessar que *anch'io sono pittore. Je fais aussi du theâtre, moi*; e o faço, para começar, por razões numerosas demais para importuná-lo, mas todas excelentes e práticas. Uma noite des-

---

* *Beau Austin*, escrita por Stevenson e Henley, estreou em Londres no dia 3 de novembro de 1890. Os dois já tinham colaborado na peça *Deacon Brodie*, e escreveram também *Admiral Guinea*. Eles achavam que poderiam ganhar um bom dinheiro com o teatro, sobretudo porque a recepção de *Deacon Brodie* parecia promissora. As peças, no entanto, não eram grande coisa. Segundo Arthur Wing Pinero, Stevenson "was deliberately using outworn models, and doing it, too, in a sportive, half-disdainful spirit. [...] The authors aimed at absolute beauty of words, such beauty as Ruskin or Pater or Newman might achieve in an eloquent passage, not the beauty of dramatic fitness to the character and the situation" (apud HARMAN, p. 270). A colaboração também era exaustiva para Stevenson. Fanny reclamava que Henley exigia demais da saúde frágil do marido, passava muito tempo com ele e bebia todo o uísque da casa.

sas, em Southport, Lancashire, a adaptação de um dos meus primeiros romances – *The American* – foi um sucesso *dont je rougis encore*. A coisa só será representada em Londres daqui a alguns meses – e fará a *tournée* das Ilhas Britânicas primeiro. Não seja duro comigo – a necessidade simplificadora e punitiva pousou sua mão brutal sobre mim e eu tive que tentar ganhar de um jeito ou de outro o dinheiro que não ganho com a literatura. Meus livros não vendem, e parece que minhas peças podem vender. Portanto vou, descaradamente, escrever uma meia dúzia. Já escrevi, na verdade, outras duas além desta que acabou de ser encenada;* e o sucesso pronunciado – realmente *pronunciado* – da última vai provavelmente apressar as próximas. Por tudo isso, fico contente que você não esteja aqui. A literatura está fora disso. Não perco uma ocasião para falar de você. Quanto a Colvin, eu o vejo com razoável frequência: suponho que aconteça esta noite, por exemplo, num jantar deste clube decididamente engomado demais ao qual ambos pertencemos, do qual *Lord* Coleridge é presidente e muita gente do tipo de Sir Theodore Martin é membro. Felizes os seus ilhéus

---

* Enquanto esperava a estreia de *The American* em Londres, James escreveu uma comédia que chamou de *Mrs. Vibert* (depois ela viria a se chamar *Tenants*), baseada num conto melodramático que ele lera há anos na *Revue de Deux Mondes*. Ele submeteu esta peça a John Hare, um ator-produtor que havia lhe encomendado algo para o teatro. James queria que Geneviève Ward, vinda de uma carreira operística em Nova York, tivesse o papel principal. Ela declinou. James ofereceu o papel à famosa atriz de tragédias Helena Modjeska, que disse que só conseguia ver Ward no papel. Desta forma, Hare perdeu o interesse na peça e descartou-a. A outra, também uma comédia, foi baseada em seu conto *The Solution*. Augustin Daly, um veterano do teatro, estava abrindo uma casa em Londres, e decidiu receber *Mrs. Jasper*, como era chamada então a peça, como uma das atrações de estreia. No entanto, após uma série de desentendimentos entre James e Daly, a peça foi cancelada (EDEL, 1996, p. 367-368).

que não têm Sir Theodore Martin. Fui visitar a Sra. Sitwell um dia desses em seu encantador novo habitat, todo de cores claras e chintz novo. Sempre falamos longamente de você – celebramos ritos com a mesma devoção dos primeiros cristãos nas catacumbas. Gosse acabou de publicar uma engenhosa, bem-acabada, vívida e bem feita biografia do pai – o fanático e naturalista –, muito feliz na proporção, no tato e talento. A compaixão filial *lui a porté bonheur* – é uma das boas biografias. Ele é no geral próspero e produtivo – creio, no entanto, que ele se dedica demais às "coisas menores" da literatura e muito pouco às oportunidades superiores. Mas eu o acho uma das poucas criaturas inteligentes e, em tais assuntos, convertíveis por aqui.

13 de janeiro – Encontrei Colvin na noite passada, depois de escrever o que está acima, em companhia de Sir James Stephen, Sir Theo Martin, Sir Douglas Galton, Sir James Paget, Sir Alfred Lyall, cônego Ainger e George du Maurier. Imagino como esta lista o fará lamber os beiços por Ori e Rahiro e Tamatia e Taheia – ou seja lá como for o nome de *ces messieurs et ces dames* que fazem parte atualmente de sua lista de visitas! Ele me falou sobre uma copiosa carta-diário que acabou de receber de você, bendito seja, e estamos vendo um dia em breve para eu ir comer ou beber com ele e ouvir a tal carta. De ontem para hoje também li seu livro de baladas – com a admiração que sempre sinto, como criatura fatalmente inapta para o verso (é um sentimento que não tem nenhum valor como testemunho) diante de qualquer feito em rima e metro – especialmente da parte de produtores de boa prosa.

19 de janeiro – Parei esta carta há mais de uma semana e desde então faltou-me tempo para continuar com ela, tendo estado fora da cidade durante muitos dias por conta de tare-

fas teatrais menores: para acompanhar um pouco mais meu tributo a mais vulgar das musas em seu circuito provinciano e ensaiar duas ou três partes que precisavam de atuação mais vigorosa. Graças aos céus, não terei mais contato direto com isso até que a peça seja montada em Londres em outubro próximo. Parei no momento em que lhe falava sobre seu livro de baladas. A elaboração de versos sonoros e ritmados (por um prosador superior) sempre me *seduz* um pouco – e eu o invejo nesse sentido pelos seus versos; mas, fora isso, eu não aprovo você escrevendo baladas como essas. Elas mostram sua "destreza", mas não mostram seu gênio. Eu diria mais, não fosse odioso para um homem do meu refinamento escrever para você – tão longe e na espera de algo – em tom de protesto. Tampouco acho que o canibalismo, a selvageria *se prête*, por assim dizer – espera-se ou menos disso, em termos de sugestão, ou mais, em termos de documento; e espera-se mais do estilo elevado e impecável (em oposição à ligeireza) quando se trata de poesia. Veja só, *estou* lançando através dos mares escuros uma página que pode, afinal, ser malcriada – mas, meu caro Louis, é apenas porque gosto muito de sua prosa divina e quero o conforto que ela me dá. As coisas são diversas porque escrevemos assim. Não precisamos fazê-las porque são diversas. A única novidade em literatura aqui – tal é a nulidade virtuosa de nossa mente – continua a ser a criança-monstro Kipling. Anexei aqui, para sua diversão, algumas páginas que escrevi recentemente sobre ele, à guisa de prefácio para um *recueil* americano (obviamente autorizado) de alguns de seus contos*. Posso acrescentar que ele acaba de publicar sua mais longa história até agora – uma coisa no

---

* *Mine Own People*, 1891.

Lippincott*, que também lhe mando aqui – que me tira o chão sob os pés na medida em que acho que é a mais fraca, de uma forma juvenil, de suas produções (apesar de ter muita "vida"), que deixa muito a desejar quanto à composição e à arte de narrar, explicar e até de sugerir.

Por favor, diga a sua mulher, com minha amizade, que tudo isso é endereçado a ela também. Tento imaginá-los todos no que, temo, seja sua ausência de hábitos, como vocês moram, agrupados em torno do que, também temo, não seja de modo algum um lar familiar. Aonde vocês vão quando querem aconchego? – ou, senão, o que vocês *fazem*? Espero que vocês pensem um pouco no fiel abandonado a cujos poderes de evocação e de afeição vocês impõem tamanho esforço. Gostaria de poder mandar até vocês um entregador da Fortnum and Mason com um naco de *mortadella*. Estou tentando fazer uma série de "coisas breves" e mandarei as menos ruins a vocês. Pretendo escrever a Lloyd. Queira felicitar cordialmente, de minha parte, sua heroica mãe quando ela saltar em sua praia, e esteja certo, meu caro Louis, de que vocês estão nas lembranças mais ternas do seu,

Henry James

---

* *The Light that Failed*, apareceu no *Lippincott's Monthly Magazine*, periódico americano, número de janeiro de 1891.

[47] JAMES A STEVENSON*
De Vere Gardens, 34, West London
18 de fevereiro [1891]

Meu caro Louis,

    Sua carta de 29 de dezembro é um apelo dos mais tocantes; fico contente em saber que a minha última carta para você foi postada duas ou três semanas antes de eu ter recebido a sua. Se a minha foi – ou terá ido – parar na sua ilha de coral é uma questão a propósito da qual suas revelações sobre o estado do correio samoano me imbuem das piores apreensões. De qualquer modo, cerca de um mês atrás despachei para você – supostamente via São Francisco – uma longa arenga. Devia ter escrito nesse ínterim; mas, mesmo que tenha a impressão de estar sempre com a pena em punho, não consigo realizar nada de tão glorioso assim. Parto amanhã de manhã para um mês em Paris, mas juro que prefiro perder meu trem a partir sem rabiscar umas palavras para você e sua mulher esta noite. Provavelmente não verei por lá nada que possa lhe interessar muito (ou mesmo que possa me interessar enormemente), mas não tendo nem um iate, nem uma ilha, nem uma natureza heroica, mulher, mãe e filho corajosos, ou sequer estômago para o mar, preciso procurar aventuras mais humildes. Outro dia, escrevi contando-lhe mais ou menos o que estava fazendo – *estou* fazendo – nestes meus dias de velhice; e a mesma descrição geral há de servir agora. Estou fazendo o que posso para me lançar na direção dramática – e o curioso da coisa é que estou levando isso quase a sério, como se *tivéssemos* a *Scène*

---

* Beinecke Library, manuscrito 4949. Muitas passagens desta carta foram excluídas das edições anteriores.

Anglaise, o que não temos. E sonho secretamente em suprir essa lacuna infame? *Pas même* – meu zelo neste caso só se equipara à minha indiferença. O que importa é que, tendo começado a trabalhar nessa direção alguns meses atrás – para dar de comer aos meus pequenos – vejo a *forma* se abrir diante de mim como se houvesse um reino a conquistar: um reino, na verdade, de brutos ignorantes, como são os gerentes, e estúpidos canastrões, como são os atores. Mesmo assim, sinto como se tivesse finalmente *encontrado* minha forma – minha verdadeira forma –, aquela para a qual a pálida ficção é uma substituta inútil. Deus queira que eu não persista nesta verdade herética por mais de dois ou três anos – tempo o bastante para desenterrar oito ou dez obras-primas consideráveis e ganhar dinheiro suficiente para que eu possa me aposentar em paz e me dedicar tranquilamente a *um pouco* de escrita suprema, tão distinta da extorsão que é a Forma acima mencionada. Sua solidão e sua penúria, meu caro Louis, enchem meus olhos de lágrimas. Se ao menos fosse possível enviar pacotes a Samoa, eu colocaria a Fortnum and Mason para trabalhar para você. Mas se interceptaram os meus hieróglifos em Sidney, o que não fariam com as linguiças? Certamente há cura para a sua falta de víveres; na falta de outra solução, por que não voltar? Haja o que houver, não devore a Sra. Louis. Você é precioso para a literatura – mas ela é preciosa para os afetos, que são maiores, ainda que de um jeito pior... Parece-me estranho que John La Farge e Henry Adams tenham caminhado por sua praia de coral. O primeiro é um dos dois ou três homens vivos que (sem contar [...]*) eu conheço há mais tempo – desde antes da puberdade. Ele era notável. Ultimamente não sei

---

* Palavra ilegível.

dele, e não sei o que ele se tornou. No entanto, ele [...]* lugar-comum – ele é um produto estranho e complicado. Henry Adams é tão conversível quanto é permitido a um Adams ser pelo esquema da natureza. Mas o que é incrível para mim é que ambos tenham dado para a vida de bucaneiro quando "já está na hora de voltar" – La Farge muitas vezes *père de famille*.** Farei mesmo o possível para ir ao Egito encontrá-lo, se, como o caro Colvin me deu a entender, você aparecer por lá depois da febre errática de Samoa.*** Lá você me daria asas – principalmente se o teatro me der ouro. É um sonho de uma felicidade sem limites. Não deixe de cumprir seu papel nele. Quase me alegro que você pergunte por *The Tragic Muse*; o que me prova, quero dizer, que você está curioso o bastante para que o livro lhe faça falta. Contudo, acabo de postar, registrado, o primeiro exemplar que recebi do primeiro volume, que acaba de sair. Queria ter mandado os três volumes por Lloyd, mas ele parecia certo de que você já os teria recebido, e eu não insisti, pois sabia que ele estava carregado de embrulhos e fardos. Logo mais vou lhe enviar outra *Muse*, e uma, ao menos, há de alcançá-lo. [...]**** é um curioso, complicado, feio drama de *fin de siècle* do "grande mundo" [...]***** o que o príncipe de Gales tem a ver com isso. [...]****** Colvin está de fato melhor, acho eu – se é que alguém que já é tão bom pode melhorar. Deus queira que minha última carta comprida tenha chegado a você. Prometo

---

* Trecho ilegível.
** Esta passagem, que corresponde a duas páginas do manuscrito, foi cortada da versão publicada por Lubbock.
*** *Macbeth*: III, 2. No original: "After the fitful fever of his life".
**** Trecho ilegível.
***** Trecho ilegível.
****** Trecho ilegível.

escrever novamente em breve. Abraço todos vocês com toda minha simpatia e sou sempre seu mais fiel,

Henry James

[48] JAMES A STEVENSON
**De Vere Gardens, 34, West London
30 de outubro [1891]**

Meu caro Louis,

    Meus silêncios são ultrajantes, mas, de alguma forma, sinto como se você estivesse fora do alcance do som. Ademais, parece que minha última carta, despachada muitos meses atrás, eu admito, nunca chegou até você. Mas Colvin disse-me que um correio parte amanhã via São Francisco, e a sensação de estar menos distante de você aumenta com o fato de que jantei na noite passada com Henry Adams, que me contou sobre as visitas que lhe fez meses atrás. Ele recriou você e sua mulher para mim como pessoas vivas, e acendeu dessa forma a chama do meu desejo de não esquecer de você e de não aparentar ter esquecido de você. Ele chegou recentemente – a Paris – via Nova Zelândia e Marseille, e acabou de vir a Londres para descobrir que não poderá ir à China, como tinha planejado, por causa do fechamento recentemente decretado, e inexorável, de todas as suas regiões exceto as mais longínquas. Ele cogita agora a Ásia Central, mas não consegue encontrar ninguém para ir com ele – muito menos eu, sinto dizer. Ele está para embarcar La Farge de volta – atualmente na Inglaterra com seus amigos franceses (que não vi). Sinto como se tivesse que fazer de minha carta um mingau fumegante de novidades; mas não tenho ideia de por onde começar. Nada, no entanto, parece mais relevante do que a melhora substancial do estado de saúde de Colvin. Jantei com ele há alguns dias no Athenaeum e ele me deu a impressão de estar muito melhor do que nos últimos anos. Ele esteve nas trevas – e por tempo prolongado; mas creio que já vê a luz do dia e escuta os pássaros cantarem. Aquele pequeno demônio negro do Kipling já terá talvez saltado em sua praia de prata quando esta carta lhe alcançar – ele deixou publicamente a Inglaterra para ir a seu encontro muitas semanas atrás – levando o talento literário com ele para fora do país. Como você mesmo vai se haver com ele muito em breve, não é necessário que eu lhe diga mais, a não ser que a natureza esmorece desde que ele partiu e a arte resmunga e se revira na cama. Disseram-me que você e Lloyd despertam ambas em The Wrecker,* mas tive a bravura de não começar o Wrecker ainda. Não posso lê-lo em pequenas doses e entre as capas vulgares das revistas; mas só estou esperando a hora certa, enquanto lambo os beiços antecipadamente. Sou um *cockney* ainda mais vil do que aquele que você deixou aqui quando partiu, na medida em que agora nem a Bournemouth vou mais. Em um ano inteiro, não me ausentei de Londres senão duas vezes – uma vez por seis semanas, na primavera passada, em Paris, e outra no verão, pelo mesmo período de tempo, na Irlanda, que tem um encanto estrangeiro, maltrapilho, que me toca. Então temo não ter muito a mostrar devido a tal adesão à minha cadeira – a não ser pelos furos nos fundilhos de minhas calças. Escrevi e ainda vou escrever algumas boas histórias curtas – mas você não será perturbado por elas

---

* The Wrecker, que Stevenson escreveu em colaboração com seu enteado Lloyd Osbourne, foi publicado de agosto de 1891 a julho de 1892 na *Scribner's Magazine* e apareceu em forma de livro em junho de 1892.

até que elas se apoiem umas nas outras em um volume. Pretendo nunca mais escrever outro romance; quero dizer, tenho me dedicado solenemente a uma brevidade magistral. Voltei a ela como se volta a um primeiro amor. *"La première politesse de l'écrivain"*, disse recentemente o maravilhoso Anatole France, *"n'est-ce point d'être bref? La nouvelle suffit à tous.* (Tal palavra é *nouvelle.*)* *On peut y renfermer beaucoup de sens en peu de mots. Une nouvelle bien fait est le régal des connaisseurs et le contentement des difficiles. C'est l'élixir et la quintessence. C'est l'onguent précieux."* Eu o cito porque *il dit si bien*. Mas você pode perguntar a Kipling. Desculpe-me se pareço sugerir que alguém como você, que destilou o elixir, precisa perguntar algo para alguém. Estou cético demais até para mencionar que lhe mandei há séculos The Tragic Muse – pois é de se presumir que ela nunca tenha lhe alcançado. Recentemente, apresentei uma peça aqui – uma dramatização de meu velho romance The American (ela foi encenada na última primavera em diversos lugares do interior), em circunstâncias de humilhação pública que a colocam na categoria dos começos heroicos. Os jornais criticaram-na sem piedade, e ela foi – por muitos de seus intérpretes – lamentavelmente mal representada; ela também trai a inexperiência de seu autor e sofre terrivelmente com a camisa de força que é a falta do elemento cênico no livro. Mas se não tivesse sido solicitado a fazer essa peça, jamais teria começado; e se não tivesse começado, não teria o firme propósito de mostrar, daqui em diante, que flor de perfeição creio que possa colher nos gastos arbustos – ah, rala vegetação! – da forma dramática. A peça está em sua quinta semana – e vai provavelmente atraves-

---

* O parêntese é de Henry James. Ele estava provavelmente lendo *Causeries*, de Anatole France, no *Le Temps*, publicado como *La Vie Littéraire* (1888-1924).

sar umas boas outras; mas houve um tempo (no início, Deus sabe!), que fiquei contente por você não estar na Inglaterra. Adams me fez enxergar você – vocês dois – um pouco, e espero que John La Farge consiga fazer ainda mais. (Ele vem daqui a alguns dias.) Colvin leu suas cartas para mim quando pôde, discretamente, e minha vida tem sido um fardo pelo medo de abrir o *Times* a cada manhã e descobrir as agitações samoanas. Mas aparentemente você sobrevive, ainda que eu pouco ganhe com isso. Estamos todos sob água aqui – chove intensamente há cinco semanas – e a terra inglesa está devastada por água, como nos primórdios da geologia. Estou consumido por catarro, reumatismo e lumbago – e ontem, quando Adams me falou sobre os trópicos, quase urrei de frustração. Minha pobre irmã – morrendo devagar e serenamente – está deveras doente para que eu deixe a Inglaterra no momento: ela tem uma casa em Londres agora. Não sei mais sobre quem falar que você possa se interessar em ouvir. Edmund Gosse escreveu um romance – ainda não publicado – que já conheço um pouco. Hall Caine lançou *A Scapegoat* para o enriquecimento de todos os envolvidos – mas eu não estou envolvido. Vou lhe mandar o livro assim que seu volume diminuir um pouco. Os franceses estão desaparecendo – Maupassant está morrendo paralisado, fruto de hábitos fabulosos, segundo me disseram. *Je n'en sais rien*; mas vou sentir a falta dele. Bourget está casado e vai fazer coisas boas ainda – mando-lhe por este correio seu (para mim maravilhoso, enquanto percepção e expressão – ou seja, como literatura) *Sensations d'Italie*. Vi Daudet no inverno passado, mais ou menos em Paris, que também está *atteint de la moelle épinière* e escrevendo sobre isso na forma de um romance intitulado *La Douleur*, que irá consolá-lo com sua venda. Saúdo sua mulher, meu caro Louis, muito afetuosamente – falo para você também, cara Sra. Louis, em cada palavra que escrevo. Quero expressar minhas melhores lembranças à sua heroica mãe – que justifica o filho, e de forma ainda mais magnífica a nora e o jovem neto. Mande meu carinho ao bravo Lloyd. Conceda-me uma página de prosa e creia na alegria que uma declaração de seu florescimento na luxúria tropical, se vertida por sua própria mão, vai trazer a seu velho amigo combalido,

Henry James

[49] STEVENSON A JAMES*
Vailima, Samoa
7 de dezembro [1891]

Meu caro Henry James,

    Obrigado por sua última carta; a anterior se perdeu; da mesma forma, parece, que meu longo e magistral tratado sobre *The Tragic Muse*. Lembro-me muito bem de ter mandado, e foi para Gosse pelo mesmo correio um tratado longo e magistral sobre a vida do pai dele, que espero há tempos que ele confirme ter recebido, e que certamente foi a pique com o outro. Se você vir Gosse, por favor, mencione o fato. Essas pérolas de crítica são agora literatura perdida, como os tomos de Alexandria. Não poderia refazê-las. E preciso lhe pedir que, por hoje, se contente com uma mente anuviada, uma mão cansada, e uma parca refeição, porque estou fisicamente exausto por trabalhos pesados de todos os tipos, os esforços do lavrador e do escritor se amontoam em cima de mim. Não

---

* BOOTH; MEHEW, vol. VII. A passagem sobre Henley foi suprimida da edição de Colvin.

tenho palavras para dizer quão encantado estou com o livro de Bourget: ele tem frases que me afetam quase como Montaigne; tinha lido antes disso seu ensaio magistral sobre Pascal; esse livro me convenceu; estou encomendando todos os ensaios dele por este correio, e vou tentar encontrá-lo quando for à Europa. A proposta é passar um verão na França, acho que em Royat, onde os fiéis poderiam vir me visitar; não são muitos agora. Tive o infortúnio de romper relações com Henley, meu amigo de longa data: uma desgraçada pedra de toque na beira da vida, o que me deixa na situação de um peixe com um anzol na goela: o menor movimento estranho do pensamento, e sou apanhado numa pontada ou numa fisgada.* Es-

---

* A relação dos dois andava estremecida: Stevenson irritou-se com a teimosia do amigo, e com o fato de que ele só fazia o que bem entendesse durante a *tournée* de *Deacon Brodie* pelos Estados Unidos, encabeçada pelo desleixado irmão mais novo de Henley, sendo que a temporada pegava carona na popularidade de *Jekyll and Hyde*; Henley confessou a Samuel McClure que sua influência sobre o trabalho de Stevenson não era suficientemente reconhecida e que o talento dele, na verdade, era superestimado, expressando o ciúme que muitos de seus amigos da época da boemia sentiam quando ele começou a fazer sucesso. Em 1888, ocorreu um mal-entendido que levaria ao rompimento dos dois: a *Scribner's* de março trazia um conto de autoria de Fanny, *The Nixie*. Henley reconheceu ali a ideia que Katherine de Mattos (prima de Stevenson) confidenciara a todos no ano anterior. À época, Fanny deu várias sugestões e se ofereceu para colaborar com ela, mas Katherine declinou. Henley tentou, sem sucesso, conseguir que Katherine publicasse sua história. Mas a *Scribner's* publicou a versão de Fanny, certamente por causa de influência de Stevenson. Henley acusou-a de plágio, e Stevenson tratou de defender a esposa, o que deu origem a uma longa querela. Durante a viagem que fez pelo Pacífico Sul (ele partiu em junho de 1888), Stevenson escreveu alguns bilhetes para Henley com o tom carinhoso dos velhos tempos. Henley respondia, e publicava os escritos de Stevenson no *Scots Observer*, que passou a editar em 1888. Mas, para os outros, ele continuava a reclamar de Stevenson e do *affair* Nixie. Em novembro de 1890, Margaret Stevenson estava na Inglaterra para arrumar sua mudança para Samoa. Lloyd lhe contou que Henley, que morava muito pró-

pero que Henry James venha e parta o pão conosco uma ou duas vezes. Creio que seremos apenas minha mulher e eu; e ela irá para a Inglaterra, mas não eu, ou possivelmente vá incógnito para Southampton, e depois para Boscombe para ver a pobre Lady Shelley. Estou escrevendo – tentando escrever em uma Babel a ponto de se transformar num abismo sem fim; minha mulher, sua filha, seu neto e minha mãe, todos gritando uns com os outros pela casa – não em guerra, graças a Deus! Mas o ruído é ultramarcial, e a nota de Lloyd ali se junta ocasionalmente, e o motivo desta algazarra é simplesmente cacau, de onde vem o chocolate. Talvez você beba do nosso chocolate daqui a cinco ou seis anos, sem saber. Isso causa um belo alvoroço, e nos dá um enorme trabalho, do qual consegui escapar por hoje.

Tenho uma história saindo: Deus sabe quando ou como; ela responde pelo nome de *The Beach of Falesá*, e a tenho em boa conta. Fiquei encantado com *The Tragic Muse*; achei a *Muse* um de seus melhores trabalhos; fiquei encantado também em ouvir sobre o sucesso de sua peça, como você bem sabe, sou um maldito fracasso, e poderia ter jantado no clube que Daudet e seus companheiros frequentavam.*

---

ximo de onde sua mãe estava, não tinha ido sequer uma vez vê-la, o que fez com que Stevenson rompesse de vez com ele. Em fevereiro de 1891, Stevenson escreveu a Baxter: "What a miss I have of him. The charm, the wit, the vigour of the man, haunt my memory; my past is all full of his big presence and his welcome, wooden footstep: let it be a past henceforward: a beloved past, without continuation." Essa briga causou-lhe muita tristeza até o fim da vida (HARMAN, p. 339-413).

* O "dîner des sifflés", nos anos de 1870, era frequentado por escritores como Flaubert, Daudet, Edmond de Goncourt, Turguêniev e Zola, cujas experiências no teatro todas fracassaram.

O dia seguinte. Acabo de tomar o café da manhã no Baiae and Brindisi, e o charme de Bourget me atormenta. Pergunto-me se esse excelente camarada, todo feito de cordas de violino, fragrâncias e inteligência, poderia suportar qualquer coisa da minha prosa rude. Se você achar que sim, peça a Colvin para mandar-lhe uma cópia destes meus últimos ensaios quando eles saírem; e diga a Bourget que lhe serão enviados de uma ilha nos Mares do Sul como uma homenagem literal. Há anos não lia um livro novo que me causasse a emoção literária que *Sensations d'Italie* causou. Se (como eu imagino) minha literatura comezinha será a morte para ele – e, pior que a morte, jornalismo – cale-se a esse respeito. Tenho uma grande curiosidade em conhecê-lo e, se ele não conhece meu trabalho, terei mais chances de me aproximar dele. Li *O pupilo* outro dia com grande alegria; seu pequeno menino é admirável; por que não há meninos como ele a menos que ele venha da Grande República?

Fico por aqui, e escrevi uma dedicatória para Bourget; não há por que resistir; é um caso de amor. *C'est Venus tout entier, quoi!** Ah, ele é maravilhoso, eu abençoo você por ter me presenteado com ele. Eu realmente gostei desse livro como eu – quase como eu – costumava gostar de livros aos 20, 23; e esses são os anos para ler!

R.L.S.

---

* Passagem havia sido excluída. Referência a Racine, *Phèdre*. I iii.

[50] JAMES A STEVENSON*
De Vere Gardens, 34, West London
19 de março [1892]

Meu caro Louis,

Envio-lhe hoje, registrado, um pequeno volume de contos que publiquei recentemente** – boa parte dos quais, no entanto, você pode já ter visto em alguma revista. Por favor, aceite, em todo caso, a modesta oferta. Aceite também meu agradecimento por sua doce carta não datada que recebi há um mês – aquela na qual você fala de Paul Bourget com uma apreciação e uma felicidade encantadoras. Faço eco à sua admiração – acho o livro italiano uma das coisas mais maravilhosas de nossa época. Correspondo-me apenas ocasionalmente com ele – e não escrevi desde que ouvi de você; mas devo ter uma chance em breve, provavelmente agora, de repetir para ele suas palavras, e elas lhe serão muito ternas. Ele vive a maior parte do tempo, agora, na Itália, e *talvez* eu vá para lá em maio ou junho – ainda que, na verdade, eu tema que isso seja pouco provável. Colvin me falou sobre o volume com algumas de suas preciosidades *inédites* que está prestes a sair,*** e a novidade é um lampejo num mundo vulgar.**** A vulgaridade da literatura nestas ilhas, hoje em dia, é indizível, e eu me agarro a você da mesma forma que, em meio ao estardalhaço do mercado, a

---

* Beinecke Library, manuscrito 4951. Versão publicada por Lubbock suprimiu os comentários sobre H. Ward e sobre o casamento de Kipling.
** *The Lesson of the Master*, publicado em fevereiro de 1892 pela Macmillan.
*** *Across the Plains with Other Memories and Essays*, volume concebido por Colvin.
**** Referência a Shakespeare: "So shines a good deed in a naughty world", *The Merchant of Venice*, V. i. 91.

orelha se volta para a música. Ainda assim, por mais paradoxal que isso possa parecer, oh Louis, tive a fineza de não ler *The Wrecker* nas páginas do periódico. Este é um heroísmo superior e prudente, e faço com você o que gostaria que fizessem comigo. Acredite, entretanto, que vou saboreá-lo em demorados goles assim que tiver o livro nas mãos. Então lhe escreverei novamente. Você não me diz nada sobre você – por isso não há nada em que acreditar ou a que eu possa me aferrar, salvo a preciosa superstição de que você goza em alguma medida de saúde e conforto. Você está, porém, longe demais para minha imaginação, e, não fosse pela mágica amigável do bom Colvin, que põe uns parafusos aqui e ali, eu seria incapaz de captar e reter a iridescência opalina de sua lenda. E mesmo quando ele fala de possíveis guerras e do clangor de armas, tudo me passa ao largo como se fosse uma antiga canção.* Veja como eu preciso de você ao alcance das mãos para me manter no cume da emulação. Você fatiga, em suma, minha credulidade, mas não minha afeição. Nós recentemente nos reunimos, todos, para despachar a você uma testemunha ocular na pessoa do gênio ou do *genus*, ele mesmo, Rudyard, e para o choque de tal personalidade extraordinária com a sua começaremos em breve a dirigir nossos atentos ouvidos. Esperamos ardentemente que, desta vez, a maré de fato o leve até sua praia.** Com ele irá a nova pequena esposa, cujo irmão, Wolcott Balestier, morto recentemente em plena juventude, quando prometia tanto (não faço alusão, ao dizê-lo, particularmente ao seu lado literário), era um jovem amigo muito estimado. O "futuro"

---

* Stevenson escrevia longos boletins para Colvin sobre sua vida em Samoa. Depois de sua morte, Colvin editou as cartas no volume *Vailima Letters* (1892).
** Kipling jamais fez a viagem prometida a Samoa.

de Kipling é para mim, hoje, indecifrável; e seu casamento só piora minhas incertezas.* A principal coisa que me aconteceu nos últimos tempos foi a morte de minha querida irmã há duas semanas – após anos de sofrimento, que, no entanto, não fizeram dela uma pessoa menos excepcional e notável ou diminuíram o efeito deste evento (o que poderia ter acontecido), fazendo uma extrema diferença em minha vida.** Que dizer de minha ocupação? Nos últimos anos, saio cada vez menos de Londres – mas estou pensando em, mais cedo ou mais tarde (num futuro próximo), me ausentar longamente no estrangeiro, mas não num lugar muito distante. Estou trabalhando com o *breve* – eu abjurei para sempre o longo. Insisto no horroroso pequeno problema teatral, com atrasos e intermissões, mas, é horrível dizer, sem que meu propósito esmaeça. Vou em breve publicar outro pequeno livro de contos,*** que lhe enviarei incontinentemente. Escrevi muitas ficções breves no último ano. No que diz respeito a histórias publicadas aqui por mãos mais hábeis, *David Grieve*, da Sra. H. Ward, reina. É um monumento de diligência e cultura, sem muita inspiração – cheio de engenhosidade também, ainda que seja ao mesmo tempo de uma mediocridade de doer. O pequeno e bravo Thomas Hardy conquistou um grande sucesso com *Tess of the d'Ubervilles*, que quase só tem defeitos e falsidades e, mesmo assim, tem uma beleza e um encanto singulares. Vou mandar-lhe ambas

---

* Em janeiro de 1892, apenas um mês após a morte de seu irmão, a pequena Caroline Balestier casou-se com Kipling. Foi um casamento quase secreto, com a família ainda em luto, e a mãe e a irmã de Caroline adoentadas. Foi James que a entregou a Kipling no altar (EDEL, 1996, p. 410-411).
** Alice James morrera no dia 6 de março de 1892.
*** *The Private Life* foi publicado em Londres por James R. Osgood, McIlvaine & Co., em 3 de junho, e em Nova York pela Harper, em 15 de agosto.

as obras assim que deixarem de ter três volumes ou de custar 31/6. O que mais se fala por aqui, entrementes, é sobre o dia em que se poderá acreditar que você virá nos encontrar em alguma acessível praia meridional. Nós *todos* iremos ao Mediterrâneo por você – que isso não lhe pregue a Samoa. Mando minhas saudações aos seus companheiros de jogo – seus companheiros-fantasmas. A esposa-fantasma conhece meus sentimentos. Que o enevoado fantasma da mãe receba minhas lembranças mais cordiais. O longo espectro Lloyd ri sem dúvida um riso sobrenatural para meu *ébauche* de cumprimento. Ainda assim eu sinto, meu caro Louis, que eu o seguro *de fato* por tempo suficiente para lhe trazer ao coração do velho amigo muito fiel,

Henry James

[51] JAMES A STEVENSON
De Vere Gardens, 34, West London
15 de abril [1892]

Meu caro Louis,

Envio-lhe por este mesmo correio as magníficas *Mémoires de Marbot*,* as quais deveria ter lhe mandado antes, tivesse eu as lido antes e, por consequência, atinado para como poderiam ajudar a distraí-lo do sol reluzente dos trópicos. Os três volumes seguem, registrados, em três pacotes separados, e todas as minhas orações para que escapem dos estranhos

---

* Marcelin Marbot (1782-1854), general bonapartista próximo de Louis-Philippe, um dos responsáveis pela conquista da Argélia. Marbot acompanhou Napoleão na Espanha, em Portugal e na Rússia, e foi nomeado general na noite de Waterloo. Os três volumes de suas memórias foram publicados em 1891.

perigos do caminho os acompanham e pairam sobre eles. Algumas pessoas, creio, consideram esse fascinante guerreiro como um Munchausen* *bien-conditionné* – Deus me livre de tal injúria! A mim ele não só encanta, mas convence. Não consigo escrever uma carta hoje, meu caro Louis – há cerca de um mês (quando foi o último correio), mandei-lhe uma longa o bastante, via São Francisco (como esta). Mas não posso deixar de dizer que acabo de ler a última página da adorável coletânea de algumas de suas mais felizes lucubrações publicada pelo caro Colvin.** Elas compõem um volume altamente sedutor e, além do mais, muito honorável. Era indispensável reuni-las, e elas mais do que justificam o volume. A primeira, *The Lantern-Bearers*, e as duas últimas são, é claro, as melhores – estas últimas têm páginas excelentes e admiráveis e lhe dão o mais alto crédito. Você nunca sentiu, pensou, se expressou de modo tão fino e feliz como em muitas dessas passagens, e, de modo geral, você está no seu melhor aqui. Não tenho lido críticas ou jornais (além do quê, a obra mal está no mercado), portanto não sei qual a sorte do livro, mas é suficiente para mim – admito que dificilmente seja suficiente para você – saber que eu o adoro. Almejo pela conclusão de *The Wrecker* – cujo estranho e maravilhoso emaranhado Colvin deslindou outro dia para o êxtase de meus ouvidos. Espero não traí-lo se disser que ele até leu para mim um trecho de uma carta sua muito interessante – ainda que salpicada de um devaneio crítico no qual me perdi um pouco – falando do projeto de um audacio-

---

* Barão von Munchausen (1720-1797), oficial alemão que se tornou um personagem lendário devido a suas longas falações em que se gabava de si mesmo e de suas aventuras imaginárias.
** *Across the Plains*.

so *roman de moeurs* sobre uma mulher má.* Você deve imaginar o quanto eu anseio por ele – mas não a ponto de querer que saia antes da continuação de *Raptado*. Pelo amor de Deus, deixe-me ter ambos. Fico maravilhado com a prodigalidade de sua produção e me regozijo ao ver seu gênio no zênite. Muito em breve deixarei Londres por três ou quatro meses – quisera eu que fosse com tudo o que é preciso para desembarcar em sua praia. Às vezes acho que já passei pelo pior no que diz respeito a sentir sua falta, e então descubro que não. Suspiro por você ao redigir estas palavras, pois tenho cada vez menos companhia em minha velhice – estou cada vez mais confinado à solidão, que é o destino inevitável de qualquer um que, nestas ilhas, realmente tenta, mesmo que de um modo tão tímido quanto o meu, *fazer* alguma coisa. Frequentemente me acho a ponto de pegar o trem para Skerryvore, para fazer uma serenata para seus fantasmas, convencê-los a prosear com um pobre camarada. Tome isto, de qualquer forma, como uma invocação lamentosa. Mais e mais uma vez eu saúdo sua mulher, a dama dos lábios cerrados, e sou, meu caro Louis, seu, e de Lloyd e de sua mãe, incansável

Henry James

---

* Stevenson contou a Colvin seu projeto para *Sophia Scarlet* em uma carta de janeiro de 1892. Mas não foi levado adiante.

[52] STEVENSON A JAMES
Vailima, Samoa
25 de maio [1892]*

Meu caro Henry James,
    Não espere mais do que uma palavra deste ser perturbado e esgotado, e esta palavra será apenas um hurra para Adela.** Ah, ela é deliciosa, deliciosa; poderia viver e morrer com Adela – morrer, talvez, seja o melhor; você nunca fez algo tão forte, e nunca irá fazer.
    David Balfour, a segunda parte de *Raptado*, está finalmente no forno; e não é nada mal, creio. Quanto a *The Wrecker*, é uma máquina, você sabe; não espere nada além disso; uma máquina, e uma máquina policial; mas creio que o final seja uma das mais genuínas carnificinas da literatura; e nós apontamos nossa máquina, com um orgulho modesto, como a única máquina policial sem um vilão. Nossos criminosos formam uma tripulação das mais agradáveis, e deixam a galé quase sem nenhuma mancha em sua reputação.
    Que mundos distintos são esboçar Adela e tentar escrever os quatro últimos capítulos de *The Wrecker*! Céus, são como dois séculos; e nosso trabalho é tão rude e melodramático, visando somente certo fervor de convicção e o senso de energia e violência no homem; e o seu é tão perfeito e brilhante e de um acabamento tão maravilhoso! Parece de mau gosto

---

* De acordo com Booth, esta carta é de 25 de maio de 1892, ou de até um pouco antes, mas foi datada por outra pessoa dia 26 de maio, e Colvin datou-a erroneamente de outubro de 1891. É uma resposta à carta de James de 19 de março de 1892.
** Adela é a heroína do conto "The Marriages", publicado pela *Atlantic Montlhy* em agosto de 1891 e depois incluída no volume *The Lesson of the Master*.

mandar tal livro para tal autor; mas seu nome está na lista. E nós humildemente lhe pedimos para analisar os capítulos sobre a *Norah Creina* com o estudo do capitão Nares, e os já mencionados quatro últimos capítulos, em sua matéria bruta e a curiosa (e talvez frouxa) manobra técnica de trazer as partes da história a um ponto de encontro, a narrativa tornando-se cada vez mais sucinta e os detalhes mais apurados a cada página.

    Declaração juramentada de R.L.S.

    Nenhuma pessoa viva supera Adela: eu adoro Adela e seu criador. *Sic subscrib.*

Robert Louis Stevenson

Um poema sublime a seguir:

Adela, Adela, Adela Chart,
que fizestes com meu velho coração?
De todas as damas da ficção,
você é a mais encantadora, o paragão.

As palavras de seu irmão te retratam em parte:
"sua maníaca!", Adela Chart;
mas em todos os asilos de aqui e acolá
maníaca tão deliciosa não há.

Eu te fito, te adoro, te trago no coração,
te exalto, te amo, rio de você, Adela Chart,
mas dou graças a seu criador querido
por não ser seu pai ou seu marido.

Que papel mais difícil o de pai ou de marido;
Adela Chart, você é um atalho para o suicídio;
mas no papel, retratada pelo inigualável James,
eres o mel, a quintessência de todas as mulheres.*

R. L. S.

ERUCTAVIT COR MEUM.**
Meu coração transborda de boas palavras por Adela Chart.
Se muita vez fui tocado pela flecha fugaz,
arrebatou-me Adela Chart como ninguém mais.
Há, sem dúvida, damas passáveis na arte –
mas onde está a igual de Adela Chart?
Sonhei que ia a Tyburn de carruagem,

---

* Adela, Adela, Adela Chart,
What have you done to my elderly heart?
Of all the ladies of paper and ink
I count you the paragon, call you the pink.

The word of your brother depicts you in part:
'You raving maniac!' Adela Chart;
But in all the asylums that cumber the ground,
So delightful a maniac was ne'er to be found.

I pore on you, dote on you, clasp you to heart,
I laud, love, and laugh at you, Adela Chart,
And thank my dear maker the while I admire
That I can be neither your husband nor sire.

Your husband's, your sire's were a difficult part;
You're a byway to suicide, Adela Chart;
But to read of, depicted by exquisite James,
O, sure you're the flower and quintessence of dames.

** Abertura do Salmo 45. "My heart is inditing of a good matter". A versão revisada traz "overfloweth with a goodly matter".

sonhei que me casava com Adela Chart:
da primeira vez, acordei sobressaltado,
da segunda, Adela Chart, embasbacado!*

Outro verso irrompe de mim, veja você; não há limite para a violência da Musa. *C'est Venus toute entière!***

[53] STEVENSON A JAMES***
Vailima
5 de dezembro [1891]**

Meu caro James,

Como pode um tal silêncio ter se abatido sobre nós? A voz fraca e quase inaudível da autojustificativa murmura que não partiu de mim. Procurei nos meus registros e descobri que não lhe escrevo nem tenho notícias suas desde 22 de junho, dia de graça no qual começou este inestimável trabalho. Não era para ser assim. Como voltar atrás? Lembro-me de ter partici-

---

* My heart was inditing a goodly matter about Adela Chart.
Though oft I've been touched by the volatile dart,
To none have I grovelled but Adela Chart,
There are passable ladies, no question, in art –
But where is the marrow of Adela Chart?
I dreamed that to Tyburn I fared in the cart –
I dreamed I was married to Adela Chart:
From the first I awoke with a palpable start,
The second dumfoundered me, Adela Chart!
** Racine, *Phèdre*, I. iii.
*** BOOTH; MEHEW, vol. VII. A longa passagem sobre Thomas Hardy e a crítica a *Tess of the d'Ubervilles* fora excluída da edição de Colvin.
**** Na verdade, 1892.

pado meu entusiasmo com *A lição do mestre*, e lembro-me de ter recebido *Marbot*: foi este nosso último contato?

Pois bem, como você provavelmente já deve ter deduzido pelo noticiário, estou enrascado para diabo, e (o que pode ser uma novidade para você) estou trabalhando para diabo. Em doze meses contados no calendário, terminei *The Wrecker*, escrevi tudo de *Falesá*,* com exceção do primeiro capítulo, (bem, grande parte de)** *History of Samoa*, fiz algo aqui e ali para minha biografia do meu avô, e comecei E TERMINEI *David Balfour*.*** Que tal isso para um ano? Desde então, posso dizer que não fiz nada além de rascunhar três capítulos de outro romance: *The Justice-Clerk*,**** que deveria produzir raios e trovões – só espero não jogar fora um chifre de Auroque (se é assim que se soletra isso) tentando fabricar uma colher.

No que tange a enrascada, você talvez se divirta ao saber que fui na verdade sentenciado à deportação por meus amigos de Mulinuu, C. J. Cedercrantz e o barão Senfft von Pilsach.*****

---

* *The Beach of Falesá*.
** Inicialmente Stevenson tinha escrito "tudo" [all]; substituiu por "quase tudo" [almost all] e finalmente escreveu "bem, grande parte de" [well, much of] em cima.
*** Por exigência dos editores, o livro foi publicado no Reino Unido com o título de *Catriona*.
**** Título original de *Weir of Hermiston*, romance inacabado. Os capítulos foram publicados em *Cosmopolis* de janeiro a abril de 1896, e em livro pela editora Chatto and Windus, de Londres, em maio de 1896. Stevenson começou o romance em 1890 e deixou-o várias vezes, só vindo a trabalhar com mais regularidade nele em suas últimas semanas de vida. Justice-Clerk é o segundo juiz mais poderoso da Suprema Corte da Escócia.
***** Stevenson escreveu uma série de cartas para o *Times* sobre os assuntos samoanos. Seu principal ponto era protestar contra as tentativas dos alemães de tomar o poder na ilha. Desde a década de 1850, com estabelecimento das plantações de copra, cacau e banana em Samoa, eles passaram a exercer uma forte

A horrível condenação, no entanto, se recusou a cair, devido a Circunstâncias sobre as Quais. Só fiquei sabendo disso (por assim dizer) noite passada. Oficialmente, digo, mas havia rumores. Algum dia saberei da história toda, e então a dividirei com os amigos que têm senso de humor.

Desconfio, no entanto, que essa época de felicidade em Samoa irá cessar logo; e a luz ofuscante da história não vai mais brilhar no Seu Sinceramente e seus companheiros aqui na praia. Nós nos perguntamos se a razão se deleitará mais com o fim de um negócio vergonhoso, ou se o degenerado lamentará mais o fim de sua diversão. Porque, diga o que quiser, foi uma temporada profundamente interessante. Não sabemos o que é notícia, política, ou mesmo a vida do homem, até que a observemos em escala tão reduzida, com nossa própria liberdade

---

influência. Eles também construíram o porto de Ápia e estabeleceram linhas entre Samoa e Nova Zelândia, Austrália e São Francisco. Quando, em 1887, os alemães depuseram o rei samoano Malietoa Laupepa e colocaram no poder Tupua Tamasese, simpático à causa alemã, o Reino Unido e os Estados Unidos mandaram navios de guerra para as ilhas do Sul, e desde então a situação ficou cada vez mais tensa. Algum tempo depois, Mataafa Iosefo se insurgiu contra Tamasese, e teve apoio de alguns residentes britânicos e americanos. No verão de 1889, Alemanha, Reino Unido e Estados Unidos chegaram a um acordo pela volta do rei. Quando Stevenson chegou a Samoa, fazia dois dias que Laupepa tinha sido oficialmente reconhecido como rei. No entanto, Mataafa estava planejando uma insurgência para reaver o poder. Mesmo antes de chegar a Ápia, quando ainda estava em Honolulu, ele já escrevia para o *Times* sobre o exílio de Laupepa. Na Europa, seus amigos achavam as cartas longas, específicas e retóricas demais, e não lhes deram muita importância. Mas elas provocaram a ira do sueco Conrad Cedercrantz, que chegara a Ápia em dezembro de 1890 para ser o novo presidente da Suprema Corte, e do prussiano Arnold Senfft von Pilsach, que no ano seguinte assumiu como presidente do Conselho Municipal, apesar de eles serem seus amigos. Seu apoio a Mataafa também era visto como tentativa de engendrar uma guerra. Como Stevenson tinha outros amigos em altos postos do governo samoano, escapou – por pouco – de ser deportado.

em jogo. Não perderia isso por nada. E amigos inquietos me suplicam para que eu fique em casa e estude a natureza humana nos salões de Brompton! *Farceurs*! E, de qualquer forma, você sabe que não tenho talento para isso. Nada me induziria a ter o mais remoto interesse por Brompton *qua* Brompton ou por um salão *qua* um salão. Sou um Escritor Épiko com k,* mas sem o gênio necessário.

Apresse-se com um novo livro. Estou agora reduzido a dois de meus contemporâneos, você e Barrie – ah, e Kipling! Eu gostei de *Nada the Lily*, de Haggard; não é maravilhoso, mas é grande. Quanto a Hardy – você se lembra da velha anedota? "– Você está ferido, meu senhor? – Ferido, Hardy – Mortalmente, meu senhor? – Mortalmente, Hardy."** – bem, eu fui mortalmente ferido por *Tess of the d'Ubervilles*. Não acho que seja exagerado na crítica; mas vou dizer que *Tess* é, dos livros que já li, um dos piores, mais fracos, menos razoáveis mais *voulu*. Exceto pelo estilo, parece-me tão ruim quanto Reynolds – repito – Reynolds: ou mais banal, sem nenhuma conexão possível com a vida ou a natureza humana; é simplesmente o retrato inconsciente de um homem fraco, mas decidido a parecer esperto, ou de um colegial inseguro que quer ser malandro, mas não sabe como. Devo dizer-lhe honestamente que nunca consegui terminar de ler o livro; talvez haja tesouros das Índias mais para a frente; mas até onde eu li, James, é (em uma palavra) condenável. Não tem vida, não tem verdade, pensava continuamente enquanto lia; e finalmente – nem mesmo

---

* "Epick writer with a k to it" no original.
** No original: "– Are you wownded, my lord? – Wownded, Ardy – Mortually, my lord? Mortually, Ardy." Diálogo entre o capitão Hardy e Nelson em encenações populares da morte de Nelson.

é honesto! foi o veredicto que jorrou de minha boca.* Escrevo com raiva? Quase acho que sim; fui traído na casa de um amigo – e me ofendeu ouvir que outros amigos se deliciaram com aquele festim ilusório. Não poderei ler uma página de Hardy por muitos e muitos dias, minha confiança se foi. De modo que você e Barrie e Kipling são agora minhas Três Musas. E é preciso, como você sabe, ter reservas em relação a Kipling. E você e Barrie não escrevem o suficiente. Devo dizer que também leio Anstey quando ele é sério, e que quase sempre Marion Crawford consegue me deixar feliz por um dia – *c'est ne pas toujours la guerre*, mas tem vida e audácia, e se move, e de qualquer forma não é Tess. Você leu *The Witch of Prague*? Ninguém conseguiria ler duas vezes, claro; e, mesmo na primeira vez, é preciso saltar algumas partes. *E pur si muove*. Mas Barrie é uma beleza, *The Little Minister* e *Window in Thrums*, hã? Ele tem algo, aquele jovem; mas ele precisa aprender a enxergar e a não querer agradar demais. Ele tem talento, mas há um jornalista à espreita – aí está o risco. Veja que página rende o caso da luva em *Window*! É de tirar o fôlego; isso é audácia, se você quer saber.

Por que desperdicei o pouco tempo que resta com esta espécie de resenha árida? Realmente não sei. Suponho que seja uma mera ebulição de conversa literária acumulada. Começo a pensar que é mister receber uma visita dos amigos. Quisera eu que você viesse!

De qualquer forma, mande notícias, e perdoe esta efusão boba e maçante. Do seu, sempre,

Robert Louis Stevenson

---

* Cf. Revelações 3:16.

[54] JAMES A STEVENSON*
De Vere Gardens, 34, West London
17 de fevereiro [1893]

Meu caro e distante Louis,

    A coisa mais encantadora que me aconteceu no último ano foi o advento de seu bilhete tranquilizador de 5 de dezembro (não de 1891, meu caro ilhéu perdido no tempo: é de causar inveja vê-lo tão luxuriosamente "fora". Quando você cede à excentricidade de uma data você o faz realmente de forma excêntrica). Digo que sua gentil carta é tranquilizadora simplesmente porque, de modo geral, ela o faz crível por uma hora. Você é, no mais, inteiramente feito da mesma matéria dos sonhos. Creio que seja por isso que eu não sigo escrevendo para você, não falo com você, por assim dizer, em meu sono. Por favor, não pense que eu o esqueci ou que sou indiferente a qualquer coisa que lhe diga respeito. O mero fato de eu pensar em você é uma companhia melhor do que quase qualquer outra que me é tangível aqui, e Londres é mais povoada para mim por você viver em Samoa do que pela residência de quem quer que seja em Kensington ou Chelsea. Minha curiosidade está voltada para você o tempo todo; tento entender suas atividades políticas, seus perigos e sua vida pública. Se meus esforços resultam apenas numa pálida figura é porque você está escandalosamente longe. Então penso que o invejo demasiadamente – seu clima, sua vida excitante, sua magnífica habilidade. Você acertou, eu tenho muito pouco disso tudo ultimamente – mas

---

* Beinecke Library, manuscrito 4953. Os nomes de Rider Hagaard ou Marion Crawford tinham sido cortados da versão de Lubbock, assim como o pequeno trecho sobre a saúde de Colvin.

você *não pode* imaginar quão difícil é para mim, cada vez mais, escrever. Não obstante, vou publicar, com uma simultaneidade quase perfeita, três pequenos (distintos) livros – dois volumes de literatura barata [*penny fiction*] e um de pequenos ensaios,* todos tirados de fontes nas quais, sem dúvida, você já pode ter encontrado um ou outro. Seja como for, a coisa deverá ser novamente (D.V.**) depositada no seu recife de coral. Muito revigorante, ainda que não de todo convincente, foi o alísio fresco (um alísio é fresco?) da sua crítica a alguns de *ces messieurs*. Eu lhe concedo Hardy de bom grado e mesmo com um pontapé. Sou submisso e envergonhado lá onde o estardalhaço público é ensurdecedor – assim baixei a cabeça e deixei passar *Tess of the D.'s*. Mas, ah, sim, caro Louis, ela é vil. A pretensão à "sexualidade" só faz par com a ausência dela, e a abominação da linguagem com a reputação de estilista do autor. Há, decerto, alguns aromas, visões e sons agradáveis. Mas você tem melhores na Polinésia. Por outro lado, não posso acompanhá-lo nem um pouco em sua tolerância quando se trata de Rider Hagaard ou Marion Crawford. Deixe-me acrescentar que não consigo lê-los, então não sei nada sobre eles. Mesmo assim, não tenho problemas em declarar que eles são *industriels* desavergonhados e suas obras não passam de glórias de Birmingham. Você terá adivinhado que eu me delicio antecipadamente com seu ano de proezas literárias. Contudo, não li uma palavra sua desde o bravo e belo *Wrecker*. Não poderei *tocá-lo* até que sinta que o abracei ao abrigo da capa. De modo que eu espero com sofreguidão as coisas anunciadas aparecerem. Colvin me deixou im-

---

* The Real Thing and Other Tales, The Private Life e Essays in London and Elsewhere, todos publicados em 1893.
** Deo Volente.

paciente para ler *David Balfour* – mas ainda não enganou meu estômago com *Beach of Falesá*. Ele está muito bem – não o tempo todo, mas ele está se recuperando. Quero dizer, claro, em relação a seus anos tristes e ruins. A Sra. Sitwell, que tem maravilhosos ferros teóricos em estranhos fogos imaginários,* *me fait part* de qualquer migalha saborosa que consegue de você. Sei das coisas magníficas que vocês todos comem, e o que a cara Sra. Louis esplendorosamente veste (mas não é um pouco transparente, não?). Por favor, assegure esta dama intensamente lembrada de minha muda fidelidade. Ouvi dizer que sua mãe se aproxima de nossas praias e fico feliz em vê-la e em poder sondá-la. Entretanto, não sei por quanto tempo essa cerimônia terá de ser, infelizmente, adiada, pois semana que vem irei para a Itália, onde ficarei por toda a abençoada primavera. Não me ausentei de Londres sequer por uma hora desde meados de agosto último. Ouço você proferir alguma objurgação indígena antes de mergulhar no mar cor de safira para apagar a imagem enfadonha. É apenas uma fábula que você virá um dia para o Mediterrâneo? Iria aos pilares de Hércules para lhe dar as boas-vindas. Transmita minha amizade ao robusto e literário Lloyd. Me alegra muito vê-lo estender suas asas. Não tenho absolutamente nada para lhe enviar. As musas estão mudas, e na França também. Comprei, infelizmente, três exemplares da grande *Cosmopolis* de 7 francos de Bourget – e dei-as todas; mas mesmo que eu lhe enviasse um, você acharia que ele dá voltas demais em torno do assunto para seu gosto – e Deus sabe que é verdade. Vou tentar despachar para você

---

* No original, "who has wonderful theoretic irons on strange imaginary fires. Have many irons in the fire" é uma expressão que significa ter várias opções ou modos de agir à mão. A frase tampouco constava da edição de Lubbock.

o pequeno e encantador *Etui de Nacre*, de Anatole France – um verdadeiro mestre. *Vale-ave*. Do seu, meu caro Louis, em uma espécie de desespero esperançoso e alienação tenaz,

Henry James

[55] JAMES A STEVENSON*
De Vere Gardens, 34, West London
8 de junho [1893]

Meu caro Louis,

Envio-lhe por este correio (10 de junho via São Francisco, registrado) dois pequenos volumes de contos** que publiquei recentemente – todas coisas velhas que tiveram sua pequena hora pálida em revistas, nas quais, como vaga-lumes tímidos em uma vereda obscura da literatura, um ou dois dentre eles podem ter tido a chance de tremeluzir para você. Temo que a centelha deles vá praticamente desaparecer, no entanto, sob sua luz tropical. Não posso dizer com que tristeza e compaixão soube – há dois dias – por Colvin que aquela luz recentemente turvara-se para você pela ansiedade no que tange a saúde de sua mulher. Só voltei essa semana dos três meses que passei no continente (principalmente em Paris), e esta foi a primeira notícia que tive de sua aflição. Creia, por favor, e peça que a

---

* Smith só publicou um trecho desta carta, transcrito de um fac-símile. Ela foi a única que não foi tirada da edição de Percy Lubbock. O restante da carta foi descoberto na Universidade de Yale e publicado em *Letters*, vol III, organizado por Leon Edel (The Belknap Press of Harvard University Press. Cambridge, Massachusetts, 1990. p. 413-415).

** *The Real Thing and Other Tales*, publicado em março de 1893, e *The Private Life*, que saiu na semana em que esta carta foi escrita.

Sra. Stevenson acredite, que divido-a com vocês da forma mais sincera. Parece-me demasiadamente triste que – aí tão longe em suas imensidões desamparadas – você tenha que suportar tamanha dor. Mas você é um tal herói que ensinou os deuses a tratá-lo dessa forma e a jogar vorazmente com suas pulsações. A esta altura estou certo de que eles já aprenderam que nesse jogo a última palavra é sempre sua, e viraram-se para vítimas mais gratificantes.

Tenho a impressão de que estou a frasear, meu caro Stevenson, quando na realidade penso em você com o simples desejo de ajudá-lo, apesar de minha impossibilidade. No entanto, pode bem ser, a meu ver, que as condições estejam a essa altura melhor e que o futuro esteja mais claro – e peço do fundo de meu coração para que isso se consume. Devido à minha ausência da Inglaterra, perdi completamente a chance – alguma semanas atrás – de ver sua mãe quando ela estava em Londres.* O mais próximo que cheguei disso foi travar uma correspondência honesta e elegante com uma parente sua na casa de quem ela estava hospedada. Foi uma decepção imensa, preparado como estava para interrogá-la insistentemente. Mas haverá outra chance, pois tive a felicidade de descobrir que ela vai ficar aqui por muitos meses. Foi apenas quando voltei, outro dia, que pude colocar as mãos no *Island Nights*, que, graças à sua generosidade, (por favor receba meus mais ternos agradecimentos) encontrei em minha mesa esperando por mim. Essas histórias têm para mim o mesmo velho charme, e as li com o mesmo gosto com que uma criança chupa uma bala. Por sorte, diferentemente da

---

* Margaret Stevenson acabara de retornar de uma visita que fez a seu filho em Samoa.

bala, elas continuam aqui depois de chupadas – prontas para serem novamente absorvidas pelo organismo. A arte de *The Beach of Falesá* parece-me uma arte levada à perfeição, e eu me delicio com a verdade da observação, a modéstia da natureza, do narrador. O homem primitivo não me interessa, confesso, tanto quanto o civilizado – no entanto ele *me interessa* quando você escreve sobre ele. Entretanto, minha impaciência para que *David Balfour* saia em forma de livro para ser tomado nas mãos e acariciado pelos olhos deriva em parte da desconfiança de que ele trate de gente mais complicada. Ultimamente tenho visto tão pouco seus amigos que minhas notícias sobre eles são muito *éventées*. Colvin parece bastante com o que ele foi nos anos tranquilos. Ouço dizer – você talvez tenha ouvido – que se trata de uma possibilidade de ele ir para o posto ideal de diretor da National Gallery (quando Sir Frederick Burton se aposentar).* Seria para seus amigos uma satisfação pessoal se ele fosse nomeado; mas eles só podem prender a respiração e ter esperança, lembrando apreensivos que ele tem dois ou três concorrentes formidáveis. Um deles, creio, é Edward Poynter,** R.A.*** A literatura está rarefeita e Kipling está silencioso. Quer dizer, *esteve* – em Brattleboro', Vermont**** (a mais

---

* Colvin não conseguiu a nomeação e continuou em sua função no British Museum.
** Edward Poynter (1842-1905), pintor, foi nomeado diretor da National Gallery em 1894.
*** Abreviação de "right ascension".
**** Kipling estava morando nos Estados Unidos com a mulher, que era americana. Um ano depois desta carta, Henry James escreveu para sua amiga Grace Norton: "In proportion as he has come steadily from the less simple in subject to the more simple – from the Anglo-Indians to the natives, from the natives to the Tommies, from the Tommies to the quadrupeds, from the quadrupeds to the fish, and from the fish to the engines and screws. But he is a prodigious

estranha forma de agressão de mulheres – quero dizer, agressão *pela* mulher), mas creio que um livro (de contos) saia hoje. Bourget eu não vejo há um ano; ele passou o inverno na Grécia e na Síria, (onde ele ainda está – no consulado francês em Beirute), mas ele retorna à Europa muito em breve para embarcar em julho para os Estados Unidos de Chicago. Espero que agora ele sinta que atingiu o cosmopolitismo. Em Paris não havia nada de nutritivo salvo os sonetos de Heredia,* os quais decididamente preciso lhe mandar: eles têm para mim uma beleza nobre, uma rara perfeição. Eles fazem a musa inglesa (do momento) parecer (estranha combinação) a uma só vez iletrada e muda. (O livro segue também por este correio.) Vi Daudet – que parece ter retornado das garras da morte lenta – *sair* de uma paralisia progressiva. Meredith eu vi há três meses – com seu *accueil* encantador, suas escamas brilhantes e impenetráveis, e o (para mim) total mistério de sua perversidade. Essa perversidade floresce, creio, nos dois folhetins que estão para ser publicados – um deles pela Scribner.** Ele é maravilhosamente galante e brilhante. De minha parte, tenho feito alguns trabalhos, e sigo um plano modesto, do qual não seria nada decente falar mesmo que tais trabalhos fossem um sucesso.*** Fazer isso neste momento, portanto, seria de fato vergonhoso. Nada seria pior para mim do que passar um só instante por um vulgar acabado (nos dois sentidos do termo). Mas vou lhe mandar um terceiro livrinho pelo próximo cor-

---

little success and an unqualified little happiness and a dear little chap. And such an uninteresting mind" (EDEL, 1996, p. 412).
* José María de Heredia (1842-1905), escritor nascido em Cuba, de pai espanhol e mãe francesa. *Les Trophées* foi publicado em 1893.
** *Lord Ormont and his Aminta*.
*** A referência aqui é provavelmente aos projetos de James no teatro.

reio.* Adeus. Minhas melhores, mais calorosas e mais fiéis lembranças a sua mulher e a Lloyd. Você me faz *sentir* mais do que nunca que o espírito de um homem – seu talento – é sua experiência. Ergo, quero a sua (ah, *parte* dela – e não a dor!) – e, no entanto, quero ficar com a minha própria também – *com* a dor! Quem vai escolher? Mas a experiência resolve a questão. Quanto a você, meu caro Louis, aperto sua mão e sou seu, sempre,

Henry James

[56] STEVENSON A JAMES**
Plantações Vailima
17 de junho [1893]***

Meu caro Henry James,

    Creio que deixei passar um correio para responder à sua carta. Você ficará desolado em saber que minha mulher esteve extremamente mal e muito feliz em saber que ela está melhor. Não posso dizer que ainda estou apreensivo por ela. Nós vamos lhe mandar uma fotografia dela tirada em Sydney, em seu traje habitual na ilha quando ela anda, cuida do jardim e comanda com sua voz estridente os assistentes marrons. Ela estava muito doente quando posou, o que talvez explique sua aparência na fotografia. Isso me faz lembrar de uma amiga de minha avó que costumava dizer, quando conversava com

---

* *The Wheel of Time*, publicado em setembro de 1893.
** BOOTH E MEHEW, vol. VIII. O começo desta carta foi ditado a Belle. A passagem sobre Gladstone havia sido excluída da edição de Colvin.
*** Resposta à carta de James de 17 de fevereiro. James respondeu a esta em 5 de agosto.

mulheres jovens: "Pois bem, quando eu era jovem, eu não era exatamente o que você chamaria de uma *beldade*, mas eu era pálida, penetrante e interessante".* Não me atreveria a insinuar que Fanny não é uma "beldade", mas não há dúvida que nessa imagem ela está "pálida, penetrante e interessante".

Como você sabe, atravessei sérios problemas e andei me batendo com os grandes desta terra, não de todo sem sucesso. É, talvez você se interesse em saber, um negócio estúpido e exasperador. Se você consegue fazer com que os tolos admitam algo, eles livrarão a cara negando outra coisa. Se você consegue induzi-los a dar um passo para a direita, eles via de regra se autocompensarão com um salto para a esquerda. Sempre achei (baseado em nenhuma evidência, apenas em um sentimento ou intuição) que a política era a mais suja, a mais tola e a mais arbitrária das atividades humanas. Sempre achei, mas agora eu sei! E pensar em Gladstone tentando forjar seu Home Rule** e toda aquela corja remendando diariamente acordos desonestos me entristece até a náusea. Felizmente você não tem nada a ver com qualquer coisa desta sorte e vou poupá-lo do horror de mais detalhes. Vou apenas dizer que seu amigo Rosebery parece, de todos os pontos de vista, humano ou divino, ser um excepcional homem branco.

---

* No original: "Aweel, when I was young, I wasnae just exactly what ye wad call bonny but I was pale pentratin' and interestin".
** Em 1886, William Ewart Gladstone (1809-1898), à época primeiro-ministro do Reino Unido, propôs o Home Rule (autogoverno) para a Irlanda, mas foi derrotado na Câmara dos Comuns. Sua segunda tentativa conseguiu ser aprovada na Câmara dos Comuns, mas falhou na dos Lordes, em 1893. Stevenson era um unionista ferrenho, e deplorava os ataques violentos dos partidários do Home Rule no início da década de 1880.

Recebi de você um livro de um homem chamado Anatole France. Por que deveria esconder? Não tenho nenhuma serventia para Anatole. Ele escreve lindamente, e o que mais? Baron Marbot é uma outra história. Assim como o Baron de Vitrolles,* que estou lendo agora com deleite. Sua escapada em 1814 é uma das melhores páginas que me lembro de ter lido. Mas Marbot e Vitrolles estão mortos, e o que é feito dos vivos? Parece que a literatura está estacionando. Estou convencido de que é o caso comigo; e estou certo de que todos dirão o mesmo quando tiverem o privilégio de ler *The Ebb-Tide*. Meu caro, o horror daquela história não pode ser descrito em palavras. Há apenas quatro personagens, é certo, mas que bando de porcos! E o comportamento deles está de fato tão profundamente abaixo de qualquer padrão possível que, retrospectivamente, me pergunto como eu mesmo fui capaz de suportá-los até o fim da interminável narrativa. Bem, sempre se salva alguma coisa; vai servir como uma pedra de toque. Se os admiradores de Zola o admiram pela feiura pertinente e pelo pessimismo, creio que deveriam admirar isto; mas se, como suspeito há tempos, eles não admiram nem entendem a arte daquele homem, e apenas têm prazer em chafurdar no seu ranço como o galgo revolve a carniça, então certamente ficarão decepcionados com *The Ebb-Tide*. Ai de mim! Pobre continho, não é nem *mesmo* rançoso.

À guisa de antídoto ou febrífugo, estou avançando a passos largos com a minha História dos Stevensons,** que, espero, vai se revelar sobretudo divertida, em algumas passagens pelo menos. O excesso de material pesa sobre mim. Meu avô é um

---

* Político francês (1774-1854), pró-rei, escreveu suas memórias.
** A partir daqui é Stevenson quem redige a carta.

personagem de comédia; e preciso apesar disso tratá-lo como se fosse uma figura séria e (a seu modo) heroica, e às vezes eu me perco no caminho, e temo que, no fim das contas, acabe borrando a imagem. De qualquer modo, *à la grâce de Dieu!*, espero não desperdiçar um chifre tentando fabricar minha colher.* Veja bem, cortar e editar o livro do meu avô é um empreendimento comparável à construção do Bell Rock,** o que espero ter conseguido fazer, mas, no fundo, tenho minhas dúvidas. E há um senhor naco de estilo e qualidade muito diferentes entre os capítulos II e IV. Não há como consertar isso! É simplesmente uma necessidade deliciosa e exasperante. Você sabe, esse assunto dá uma excelente narrativa; mas, talvez, haja assunto demais! Eis o obstáculo.*** Bem, bem, será óbvio para você que meu espírito está afetado; estaria com muito menos. *The Ebb-Tide* e *Northern Lights***** são uma refeição completa para qualquer homem comum.

Encomendei pelo correio seu último livro, *The Real Thing*, então certifique-se de que você não vai me enviar um. Que mais você está fazendo ou pensando em fazer? Novidades não tenho nenhuma, e não quero ter. Tive que parar com as bebidas fortes e com o tabaco, e estou agora num estado de transição que se avizinha à loucura. Você nunca fumou, creio, então não poderá jamais experimentar a satisfação de parar. Mas ao menos você bebeu, e poderá talvez imaginar minha contrariedade quando subitamente descubro que um copo de claret ou um brandy com água me dão uma dor de cabeça horrível na

---

* Referência à passagem da carta 53.
** Nome de um célebre farol da costa norte da Escócia, construído por Robert Stevenson, avô de Louis e amigo de Walter Scott.
*** No original *There is the rub*. Hamlet, III, 1.
**** Publicado em 1896 com o título *A Family of Engineers* (Edinburgh Edition).

manhã seguinte. Não há dúvidas: beba o que for, e lá estará sua dor de cabeça. O tabaco é tão ruim quanto o álcool para mim. Se eu sobreviver a tal ruptura de hábitos, não passarei de um filhotinho amedrontado, na verdade. Sou de tal forma feito, ou pervertido, que não gosto nem de imaginar uma vida sem o vinho tinto na mesa e o tabaco com seu adorável carvão incandescente. Isso não me agrada nem de longe. Depois que estiver lá, posso até achar que é o Jardim do Éden, mas as cores do portal não me agradam. Imagine alguém lhe dizer que você tem de deixar sua casa, seus livros e seus clubes, e partir para a África Central para lá acampar e comandar uma expedição: você se poria a urrar e coicear, e daria no pé. Acho o mesmo de uma vida sem vinho nem tabaco; e, se isso continuar, terei de partir e fazê-lo, meu senhor, em carne e osso!

Eu pensava que Bourget fosse seu amigo? E pensava que os franceses eram uma raça educada? Ele recebeu minha dedicatória com um silêncio majestoso que me surpreendeu até a apoplexia. Dediquei meu livro ao vil estranho, ao francês desagradável, ao maldito forasteiro? Bem, não faria novamente; e ao menos que seu caso seja suscetível de uma explicação, você poderia talvez dizer isso a ele, entre nozes e vinho, para passar uma hora agradável. Sinceramente, pensei que minha dedicatória fosse digna de uma carta.

Se é que algo é digno de algo aqui embaixo! Você conhece a história do homem que encontrou um botão em seu cozido e chamou o garçom? "O que é isso?", disse ele. "Bem," respondeu o garçom, "o que você esperava? Esperava encontrar um relógio de ouro e a corrente?". Divino apólogo, não é? Eu bem que esperava encontrar um relógio de ouro e a corrente; esperava poder fumar em excesso e beber até o conforto todos os dias de minha vida; e continuo a olhar fixamente para esse botão, indignado! Não é nem um botão; é uma insígnia de abstêmio! Mas esperemos que eu seja libertado deste quinhão ainda.

Do seu, sempre,

Robert Louis Stevenson

[57] JAMES A STEVENSON*
De Vere Gardens, 34 West London
5 de agosto [1893]

Meu caro Louis,

Preciso agradecê-lo pela carta das mais encantadoras e interessantes e pela representação fotográfica de seu belo rosto, que não posso louvar tão irrestritamente. O retrato tem suas qualidades enquanto recordação, mas não se pode dizer o mesmo em relação à semelhança. Lembro-me de você, penso em você, evoco-o de forma muito mais plástica. Mas não foi menos generoso e fiel de sua parte me incluir na lista dos afetuosos destinatários. Sua carta contém toda sorte de coisas boas, mas a melhor de todas é a feliz notícia da melhora na condição de sua mulher. Eu me regozijo com isso de forma quase escandalosa, e peço que você diga isso a ela com minha amizade. A fotografia (dela) em Sydney que você gentilmente anunciou ainda não chegou, mas eu a desejo com impaciência. Enquanto isso, seu lugar é ocupado graciosamente pela deliciosa anedota retrospectiva da amiga escocesa de sua mãe, a pálida, penetrante e interessante.

---

* Beinecke Library, Manuscrito 4955. Os comentários sobre Bourget foram excluídos da edição de Lubbock.

Normalmente, sou contagiado por Colvin a me preocupar de tal forma com você que é tranquilizador saber que você aparentemente não se acha perturbado por nada pior do que a privação de bebidas alcoólicas e tabaco. "Nada pior?", ouço você repetir, enquanto você se pergunta a que espécie de tortura de selvageria mais refinada eu posso imaginá-lo submetido. Você escolheria talvez – e não podemos culpá-lo por isso – perecer pela espada, antes do que pela penúria. Mas você não vai perecer, meu caro Louis, e estou aqui para lhe dizer isso. *Eu* deveria ter perecido – há tempos – se fosse mortal. Nenhuma bebida alcoólica – ou quase nenhuma – passa por meus lábios inúteis, e ainda assim eles são capazes de um suspiro hipócrita de resignação. Sinto muitíssimo por você, pois me recordo da bandeja cordial que, nos tempos longínquos e fabulosos, costumava ser posta, conforme a noite avançava, sob a lâmpada social de Skerryvore. As noites avançam em Vailima, mas a bandeja, imagino, desapareceu. Que esta árdua provação seja aliviada e, como vocês missionários dizem, seja abençoada para você. Ela fere, repito, mas não mata – o que é pior. O tabaco é outra história. Eu fumei um ou outro cigarro – em Skerryvore; e provavelmente vou fumar novamente. Mas não estou ansioso para isso. Você sem dúvida me achará intoleravelmente desprovido de personalidade. O que me deprime bem mais é o triste pensamento de que você não recebe quase nada que eu lhe envio. Tal, no entanto, não me impediu de postar hoje para você, registrado, via São Francisco (é dia de correio) um volume de pequenas bagatelas que publiquei recentemente, intitulado *Essays in London and Elsewhere*. Ele contém alguns belos escritos – não endereçados aos peixes. Minha última carta para você, para a qual a sua do dia 17 de junho era uma resposta – a única carta datada, caro Louis, que jamais recebi! – deveria supostamente acompanhar dois outros volumes meus, que foram despachados a você, registrados, via São F., ao mesmo tempo (*The Real Thing* e *The Private Life*). No entanto, nenhuma dessas obras, evidentemente, tinham lhe alcançado quando você escreveu – e você pediu que eu não lhe enviasse a primeira (ainda que minha carta mencionasse que ela estava a caminho), pois você a tinha encomendado. É tudo um mistério que apenas os peixes um dia sondarão. Também posto agora para você o último continho de Paul Bourget (*Un Scrupule*), sobre o qual ninguém me induzirá a emitir o mais ínfimo rudimento de uma opinião. Tem muito talento (não chamo *isso* de rudimento), mas os franceses andam estranhos. Fico muito contente de poder lhe enviar junto a esta carta um *petit mot* do dito Paul Bourget, em resposta ao seu sentimento de ofensa com o silêncio demasiadamente prolongado dele. Ele esteve em Londres por três dias com sua maravilhosa jovem esposa, a caminho dos Estados Unidos (ele embarca hoje), onde ele pretende aparentemente passar o inverno e escrever um volume de apontamentos – nos moldes de *Notes sur l'Anglaterre*, de Taine. Ele jamais saberá quão pouco ele sabe ou pode entender sobre nossa grande e gloriosa civilização anglo-saxã – sobre a qual, entretanto, ele está cheio de julgamentos e simpatias quase que anormalmente lisonjeiras (dadas algumas de suas outras inclinações habituais). Ele estava mais cheio ainda de escrúpulos e vergonha (quando falei com ele) por não ter lhe escrito. As intenções dele, posso lhe assegurar, foram as melhores; mas ele leva uma vida tão migrante que não consigo enxergar como *qualquer uma* de suas intenções poderia jamais frutificar. Ele passou o inverno na Terra Sagrada e, de lá, salta em três semanas (de Beirute) para sua estranha expedição americana. Há um ano – ou mais – ele me pediu sinceramente (em Siena) seu endereço. Eu de pronto lhe dei – *par écrit* – mas o reconhecimento de que ele estava então desejoso de lhe contatar sucumbiu a complexas frustrações. Agora que, finalmente, ei-lo aqui, quisera eu que você fosse capaz de *lê-lo*! Mas você não será. Minha mão, neste caso, será a mão de Apolo.

Passei seis semanas à beira-mar, e estou de volta à cidade deserta sobretudo porque *está* deserta. *Minha* beira do mar é a sórdida praia de Ramsgate – vejo seus recifes de coral enrubescerem diante da vulgaridade do nome. O lugar tem para mim uma vantagem indizível (na tensão das semanas de trabalho), que a praia de Falesá, felizmente, *não* teria – a de estar cheia de gente que eu não conheço. A praia de Falesá me cativaria, mas me deixaria estéril – quero dizer, a musa social iria acabar com a outra. Você certamente me achará árido o bastante do jeito que estou. Mas estou menos seco do que parece, no entanto, pois estou trabalhando com uma paciente subterraneidade em um negócio que já é suficientemente desonroso praticar, sem falar a respeito: um negócio extremamente perigoso e heroicamente difícil – *esse* crédito pelo menos ele tem. O caso torna-se simples para mim pela mais horrenda necessidade: o livro, do modo como as minhas limitações me obrigam a produzir, não me dá um tostão. Não diga isso em Samoa – ou ao menos não no Taiti; mas eu *não* vendo dez exemplares! – e tanto os editores quanto os *publishers* não terão nada para me dizer. Mas eu não menciono isso nunca – mais perto de casa. "A política", caro político – fico contente que você esteja superando isso. Quando você diz que sempre "achou" a política repugnante, fico tentado a parecer superior e dizer que sempre soube que era assim. Ao menos não consigo ver como alguém pode dar uma olhada, ainda que por cima, nos jornais contemporâneos (quero dizer, os jornais de toda a época de um indivíduo) e ter qualquer dúvida a esse respeito. A moral, os costumes, os materiais de todos aqueles cavalheiros estão talhados ali muito mais que em qualquer outro documento, e a impudência dos seus ares e pretensões na presença disso revolta até a humildade de um espírito tão resignado com tudo quanto o meu. A sórdida briga na Câmara dos Comuns na outra noite pareceu-me apenas uma intermissão momentânea na hipocrisia. A hipocrisia retorna com a fingida confusão sobre isso. *The Lives of the Stevensons* (com todo o respeito que tenho por eles) não é o que eu mais quero que você escreva, mas eu preferiria que você publicasse dez volumes disso a escrever outra carta para o *The Times*. Enquanto isso, anseio por *Catriona* – e vão-se as semanas e eu tenho que viver sem você. Mas sou ainda seu, de sua mulher e do insidioso Lloyd, amigavelmente,

Henry James

[58] STEVENSON A JAMES*
Vailima
c. **15 de agosto [1893]****

Meu caro Henry James,
    Sim. *Les Trophées* é, no geral, um Livro. É excelente; mas será o trabalho de uma vida? Sempre suspeito que *você* tenha um volume de sonetos na manga; quando sairá? Estou num daqueles meus humores de absoluta falta de paciência com

---

* BOOTH; MEHEW, vol. VIII. O poeminha do final tinha sido excluído da edição de Colvin.
** Colvin datou a carta como sendo de julho de 1983, mas o original tem um carimbo do correio que prova que a carta é de agosto.

toda ficção e tudo que lhe diz respeito, lendo, em vez disso, com êxtase, *Decisions* de Fountainhall.* Você nunca leu: bem, não tem muita forma, e é indizivelmente enfadonho, creio, para os outros – e até para mim em algumas páginas. É como andar por uma mina no subsolo, e com uma lanterna execrável, para procurar pedaços de minério. Isto e a guerra serão as minhas desculpas para não ter lido seu (sem dúvida) gracioso livro de ficção. Este ano que vem há de me levar a ele; e sei que quando a ficção começar a me parecer novamente um pouco mais *sólida* vou gostar muito, porque é um James. Você sabia que prefiro, quando estou assim, tentar ler um livro ruim? Pelo menos não é tão decepcionante. E Fountainhall é de primeira linha, dois grandes volumes em fólio, enfadonho e verdadeiro e seco feito um obituário; e há em média um fato interessante a cada vinte páginas, sendo que dez delas são ininteligíveis por causa das tecnicalidades. Aí está a literatura, se você quiser! Alimenta; cai sobre você genuinamente como chuva. Chuva: até agora ninguém fez jus à chuva na literatura: decerto um tema para um escocês. Mas aí não se pode fazer a chuva neste estilo livro-caixa que estou tentando – ou a meio caminho entre o livro-caixa e uma balada antiga. Como superar, como escapar da *particularidade* embrutecedora da ficção? "Roland chegou à casa; tinha portas verdes e venezianas nas janelas; alguém raspava o chão no andar de cima". Ao diabo com Roland e o raspador!

Do seu, afetuosamente,

R.L.S.

---

* *Decisions of the Lords of Council*, de Fountainhall, que Stevenson estava lendo para pesquisar para seus livros *Weir of Hermiston* e *St. Ives*.

O *Romancer* Confuso e Ambicioso
ocupado em nutrir
Uma Quimera
Que provará ser
Uma Garrafa (em Italiano).*

[59] **STEVENSON A JAMES**
meados de setembro [1893]**

Meu caro James,
   Você receberá isto das mãos de nosso primo, Graham Balfour,*** que vai lhe contar tudo sobre nós – como estamos, e como não estamos – e os jardins de Tamaitai e, no geral, os mínimos detalhes de nosso estilo de vida. Você vai ver que ele é um camarada de primeira.
   Do seu, sempre,

Robert Louis Stevenson

---

* Um "fiasco", que vem da frase em italiano *far fiasco* [literalmente fazer uma garrafa (*to make a bottle*)], originalmente no sentido de falhar numa performance dramática, mas depois de aplicação mais geral.
** Alguém anotou nesta carta a data de 19 de maio de 1895, o que levou Janet Adam Smith a datá-la erroneamente de 19 de maio de 1893. A carta não havia sido publicada na edição de Colvin.
*** Graham Balfour chegou a Vailima em agosto de 1892 e passou boa parte dos dois últimos anos de vida de Stevenson na casa dele. Ele escreveu a primeira biografia do escritor, que foi publicada poucos anos após sua morte.

[60] JAMES A STEVENSON*
De Vere Gardens, 34, West London
21 de outubro [1893]

Meu caro Louis,

Os correios informam, para meu desgosto, que não há navio para os seus lados via São Francisco este mês, e que eu devo confiar estas poucas linhas à precária e pérfida Hamburgo. Faço isso, então, pelo simples motivo de que não posso mais conter o entusiasmo que tomou conta de mim desde que li *Catriona*. Perdi, logo depois de lê-lo, o correio do mês passado, e fiquei infinitamente irritado por não ter podido lhe transmitir meu êxtase no calor da hora. Porque o dito *Catriona* ressoa e recende com tal gênio que não há refúgio para o leitor desesperado a não ser arrojar-se em adoração. Não sei bem se é magnânimo de sua parte ter êxito assim de forma tão sem consideração – deve haver certa modéstia no triunfo fácil que sua musa inflamada talvez descuide um pouco. Mas perdoe a imagem desajeitada – não tentarei levá-la adiante. Deixe-me apenas dizer que não despacho essas palavras débeis por caminhos tão cheios de água senão para lhe agradecer por um prazer extraordinário. Creio que quando um livro tem a beleza superior de *Catriona* aquilo que os simplórios chamam de crítica está fadado a cometer alguma espécie de indelicadeza. A obra vive segundo uma regra tão absoluta que seria grotesco tagarelar sobre o que ela *poderia* ter sido! Vou lhe dizer o único ponto em que dei por um desejo insatisfeito, mas só

---

* Beinecke Library, manuscrito 4956. A última página do manuscrito foi excluída da edição de Percy Lubbock.

falarei a respeito depois de dizer que feito raro me parece toda a personalidade e o tom de David e com que mão supremamente feliz você pintou as mulheres de carne e osso. Elas são absolutamente adoráveis e todo mundo corre atrás delas. Em David não há um erro, não há jamais uma nota em falso; ele é de uma verdade e correção exasperantes. A única coisa que me faz falta no livro é a nota da *visibilidade* – o livro submete minha visão, minha imaginação *visual*, a uma privação quase dolorosa. A imaginação auditiva, por assim dizer, é servida como um fidalgo, e esse alarido parece uma afronta diante da frustração do prazer dos olhos – de modo que me sinto (falo, é claro, apenas do ponto de vista que *minha* impressão anseia por se completar durante a leitura) na presença de vozes no escuro – vozes tão mais distintas e vívidas, tão mais admiráveis e sonoras, como as vozes sempre são – mas também tão mais atormentadoras e confusas – por causa destes olhos vendados. Eu solto um gemido de súplica quando você, por exemplo, leva seus personagens, perto do final, em uma ou duas linhas, de Leyden a Dunkirk sem nem um vislumbre de informação que sugira algo sobre a ambientação da estrada do século 18. No entanto, aferre-se a esse sistema de evocação enquanto ele lhe servir para chegar a coisas tão grandiosas. A vida, as letras e a arte, todas se encantam com você.

Fico feliz de saber que sua esposa sofre menos com a saúde e que suas próprias inquietações estão em parte mitigadas. Não sei bem como renovar suficientemente o penhor de minha mais sincera simpatia por vocês. Vocês vivem em condições tão inimagináveis e à melodia da experiência tão grandiosas e estranhas que têm de me perdoar se estou em tão completo descompasso com suas peripécias. Sei que vocês estão cercados pelo estrondo da batalha, e ainda assim a beleza do que você produz tem uma calma goetheana, comparável à beleza destilada em Weimar quando a fumaça ainda pairava sobre Jena. Fico apenas com seu lado livresco – ainda que os demais protestem aos brados. Espero encontrá-lo um dia sentado em uma poltrona tagarela em torno da lareira. Não fosse por *Catriona* não teríamos podido manter a cabeça erguida este ano. Fazia tempo, antes disso, que nenhuma frase decente era escrita em inglês. Estamos sistematicamente cada vez mais vulgares e ignóbeis. A única luz no horizonte está em saber que seus livros são apreciados. Tentarei ver Colvin antes de postar isto aqui – no mais, não o vejo há três meses. Tive um verão típico da costa britânica, com banhos mecânicos e banda alemã. Encontrei Zola para um almoço um dia antes que ele partisse de Londres e o achei muito sensato e comum e inexperiente. Nada, literalmente nada jamais lhe aconteceu a não ser escrever os Rougon-Macquart. O que torna essa série, admito, ainda mais curiosa.* Seu *tour de force* é do tipo oposto. Renove o milagre, meu caro Louis, e creia-me seu desde já boquiaberto,

Henry James

---

* No ensaio que publicou em 1903 sobre Zola, James comenta este encontro quase com as mesmas palavras: "That impression consisted, simply stated, in his fairly bristling with the betrayal that nothing whatever had happened to him in life but to write Les Rougon-Macquart. It was even for that matter almost more as if Les Rougon-Macquart had written *him*, written him as he stood and sat, as he looked and spoke, as the long concentrated, merciless effort that made and stamped and left him."

PS: Tive que guardar minha pobre carta por vários dias – descobri que, afinal, um correio parte logo mais via São Francisco, graças aos céus. Nesse ínterim, encontrei Colvin e tomei a liberdade de assuntar discretamente, ainda que avidamente, seus projetos – e giros! Trapezista no vazio do Pacífico! Colvin está lúcido e firme e nós estamos todos torcendo para que ele seja nomeado chefe da National Gallery depois de Sir Frederick Burton. Mas eu estou distante demais disso tudo para *medir* suas chances e [...]*. *Ora pro nobis*. Vi Gosse na noite passada – indo dar uma palestra em Sunderland e muito satisfeito com um artigo encantador (sobre seu talento) na [...]**. Escrito por Augustin Filon (não *filou*), circunstâncias, [...]***. *Catriona* é cada vez mais belo. Eis o obstáculo!****

H.J.

[61] STEVENSON A JAMES
Apia
Dezembro [1893]

Meu caro Henry James,

    O carteiro me tomou de assalto três dias antes do esperado; que o bom Deus me ajude! É impossível responder a cada um como se deve. Seu júbilo com *Catriona* me fez bem, e ainda mais a sutileza e veracidade de seu comentário sobre a pobreza do sentido visual naquele livro. É bem verdade, e a não ser que

---

* Trecho ilegível.
** Palavra ilegível.
*** Trecho ilegível.
**** No original "There's the rub!" (Hamlet III, 1).

eu faça o maior esforço – e estou, nesse sentido, convencido de sua necessidade – será cada vez mais assim, temo, no futuro. Eu *ouço* as pessoas falando e as *sinto* em ação, e parece-me que isso é que é a ficção. Meus dois objetivos podem ser descritos assim:

Primeiro – Guerra ao adjetivo.

Segundo – Morte ao nervo óptico.

Temos que admitir que vivemos na era do nervo óptico na literatura. Por quantos séculos a literatura viveu sem nem sinal dele? Todavia, vou levar sua carta em consideração.

Que maravilha o personagem do crítico nos seus *Essays in London*! Duvido que você tenha feito qualquer coisa tão satisfatória em termos de estilo e argúcia.

Do seu, sempre,

R.L.S.

[62] **STEVENSON A JAMES***
Vailima
7 de julho [1894]

Caro Henry James,

Vou tentar ditar uma carta ou um bilhete para você, e começo sem um pingo de esperança, minha mente estando totalmente em suspenso. Essa doença é muito cruel para o homem de letras. Ela vem se achegando já faz um mês, e parece que piora ao invés de melhorar. Se ela provar que abranda o cérebro, um interesse melancólico se atrelará ao presente

---

* A carta foi ditada a Belle.

documento. Ouvi um bocado a seu respeito de minha mãe e Graham Balfour; o último declara que você poderia tirar um A em qualquer questão samoana. Se assim for, gostaria de ouvi-lo a respeito da teoria da constituição. E também de consultá-lo sobre a importância das partículas *o lo'o* e *ua*, que são tema de uma disputa entre os sabidos locais. Você poderia, se algum dia responder a esta carta, dar sua opinião sobre a origem da raça samoana, apenas para completar o favor.

Ambos dizem que você está com uma aparência boa, e acho que posso concluir disso que você está razoavelmente bem. Quisera eu estar. Não pense com isso que estou doente do corpo; é do bestunto que reclamo. E quando esse vai mal, como você bem deve saber, você começa todos os dias com uma dolorosa decepção, o que não faz bem para o temperamento. Estou num daqueles humores em que um homem se pergunta como alguém pode ser tão idiota a ponto de abraçar a profissão das letras, ao invés de ir ser aprendiz de barbeiro ou ter uma banca de batata assada. Mas não tenho dúvidas de que no decurso de uma semana, ou talvez amanhã, as coisas parecerão melhores.

Temos agora no porto o navio de guerra modelo da Grã-Bretanha. Ele se chama *Curaçoa*, e tem a mais simpática equipe de oficiais e homens imaginável. Eles, os oficiais, são todos muito íntimos conosco, e a varanda da frente é conhecida como o Clube Curaçoa, e a estrada que sobe para Vailima é conhecida como a Pista Curaçoa. Foi antes uma surpresa para mim; conheci muitos oficiais da Marinha, e de alguma forma nunca consegui pensar inteiramente bem deles, e quiçá algumas vezes perguntei-me com a consciência um tanto pesada como este tipo de homem poderia realizar grandes ações? E veja você! A resposta veio até mim, e vejo um navio que poderia garantir que iria a qualquer lugar possível para um homem ir, e conquistar o que quer que fosse permitido a um homem tentar. Não faz muito tempo, fiz um cruzeiro para Manu'a a bordo deste navio, e me diverti muito. A boa vontade de todos a bordo; a graça sinistra do [...]* no tombadilho, com os homens tombando sob comando; as ambulâncias apressando-se a levá-los embora; o capitão gritando subitamente "Fogo no salão dos oficiais!" e o pelotão avançando com a mangueira; e, o último e mais curioso dos espetáculos, todos os homens em seus trajes cor de poeira, que, ao som da corneta, simultaneamente caem duros no convés, e o navio prosseguindo com sua tripulação prostrada – dando a impressão de que vai se chocar com o inimigo; nosso jantar à noite num ancoradouro aberto e selvagem, o navio balançando muito, de modo que víamos, alternadamente, sua amurada contra o céu e a praia da ilha, incrustada de palmeiras e falésias acidentadas, com as ondas estrondeando e saltando quase a bordo. O repasto dos oficiais foi no convés, iluminado por tochas, todo mundo, evidentemente, em uniforme, menos eu e o primeiro tenente (que é um corpo reumático), que estava embalado em uma capa. Pouco a pouco o sol poente foi se apagando, a ilha desapareceu sob nossos olhos, embora tenha ficado presente para o ouvido de forma ameaçadora, com a voz da rebentação, e então o capitão acendeu o farol e nos mostrou a costa, a praia, as árvores, as casas dos nativos e as falésias com lampejos de luz do dia, uma espécie de relâmpago deliberado. A essa hora, creio, já tínhamos chegado à sobremesa, e bebíamos provavelmente

---

* Falta palavra.

nosso primeiro cálice de porto à saúde de Sua Majestade. Ficamos dois dias na ilha, e tivemos, adicionalmente, um retrato muito pitoresco da vida nativa. As três ilhas de Manu'a são independentes, e governadas por uma pequena menina mestiça de mais ou menos vinte anos, que fica sentada o dia todo com um vestido rosa, numa pequena casa branca de estilo europeu, com um quarto de acre de rosas à sua frente, fitando as palmeiras das ruas da vila e ouvindo o rumor das ondas. Isso, até onde pude averiguar, é tudo o que ela tem a fazer. "É um lugar muito tedioso", ela disse. Parece que ela não podia ir para nenhuma outra vila por medo de despertar o ciúme de seu povo na capital. E sair por aí a "tafatafar",* como dizemos aqui, tem um custo alto demais. Um nativo forte e robusto tem que andar à frente dela e soprar em uma concha ininterruptamente a partir do momento em que ela sai de uma casa até o momento que ela entra em outra. Você já soprou em uma concha? Suponho que não; o suor literalmente jorrava daquele homem, e eu esperava a cada instante vê-lo rebentar uma artéria. Fomos convidados para o *kava*** na casa de hóspedes, em companhia de algumas figuras muito originais. Os jovens rapazes que partem em busca do kava têm o direito de se portar mal *ad libitum* no caminho de volta; e ainda que tenham lhes pedido que se controlassem na ocasião de nossa visita, houve uma estranha balbúrdia no retorno deles, quando chegaram batendo nas árvores e nos postes das casas, saltitando, gritando e urrando como bacantes.

---

* *Tafatafaoing* no original. Stevenson dá à palavra *tafatafa*, da língua samoana, um tom inglês.
** Bebida feita da raiz da pimenteira e tomada de forma ritualística nas cerimônias mais importantes da vida social samoana.

Experimentei nessa ocasião o que é ser célebre. Meu nome era citado logo após o do capitão, e muitos chefes (algo absolutamente novo para mim e de forma alguma uma prática comum em Samoa) brindaram à minha saúde.

E agora, se você não está cansado do Curaçoa e de Manu'a, eu estou, pelo menos no papel. E me recuso a continuar lhe dando exemplos de como não escrever.

A propósito, você me mandou há tempos uma obra de Anatole France, que confesso que não *apreciei*. Desde então, tomei conhecimento de *Abée Coignard*,* e tornei-me um fiel adorador. Não acho que um livro melhor que esse já tenha sido escrito.

Não tenho ideia do que eu disse, não tenho ideia do que eu deveria ter dito, e sou um total idiota, mas meu coração está no lugar certo, e sou, meu caro Henry James, o seu

R.L.S.

---

* Em itálico no original. Abée Coignard é a personagem central de *La Rôtisserie de La Reine Pédauque*, um dos mais célebres romances de Anatole France, publicado em 1893. A personagem reaparece em *Les Opinions de Jérôme Coignard* (1893) e *Les Puits de Sainte Claire* (1895).

[63] STEVENSON A JAMES*
Vailima, Samoa
24 de novembro [1894]

Meu caro James,
    Posso lhe apresentar meu jovem amigo, o Sr. C. D. Burney,** com quem tivemos o prazer de conviver aqui em Samoa? Nós o vimos partir com pesar, e parece que podemos atenuar a separação se o entregarmos às mãos dos amigos na Inglaterra. Solicite a ele detalhes sobre meu cacau das quatro horas da manhã.
    Do seu, sempre,

Robert Louis Stevenson

---

* A carta não havia sido incluída na edição de Colvin, mas foi encontrada por Janet Adam Smith e transcrita em sua coletânea. A carta foi ditada a Belle.
** Um dos aspirantes do *Curaçoa*.

ROBERT LOUIS STEVENSON

*Henry James**

Se há um escritor em nossa língua, nos dias de hoje, capaz de nos fazer esquecer que a agradável moda do retrato literário está em extinção, é certamente o gênio brilhante e singular cujo nome está escrito no cabeçalho destes comentários. O Sr. Stevenson realmente desafia o retratista, quando passamos por ele na rodovia da literatura (se é que podemos falar de uma estrada neste caso, e não de alguma via paralela nomádica e ensolarada), da mesma forma que um possível modelo, em trajes típicos, desafia o pintor que flana pelas ruas de uma cidade estrangeira em busca de temas para pintar. Ele lança novas bases para que nos perguntemos por que o esforço para fixar um rosto e uma figura, para buscar um personagem literário e transferi-lo para a tela da crítica, caiu em tamanho descrédito entre nós, dando lugar à mera multiplicação de pequenos tribunais privados, nos quais a balança e a peruca do juiz, ambas consideravelmente tortas e não mais augustas pela companhia

---

* Escrito em 1887, este artigo saiu na *Century Magazine* em abril de 1888 e foi depois republicado em *Partial Portraits* no mesmo ano.

de uma vara intimidadora, tomaram o lugar, como símbolos de autoridade, da paleta e do pincel, afáveis e desinteressados. Tornou-se moda causar impressão às custas do modelo, provar alguma questiúncula ou fazer uma pequena caçoada, com o ar de quem toma partido, ao invés de agarrar o talento em face, seguir seus contornos e por o dedo em sua essência; assim, a refinada arte da crítica, sufocada pela vulgaridade, se vê transformada numa questão de "lados". O crítico se aferra a seu caso, mas não podemos esperar que o autor, ainda que seja criminoso, seja detido pela justiça com base nos libelos distribuídos em torno do caso; pois é da essência de uma descrição feliz ser precedida por uma observação feliz e uma curiosidade livre; e a inatividade, digamos, suplantou estas faculdades amigáveis e inermes, que não têm a vantagem dos órgãos e dos magistrados.

Rapidamente, gostaria de acrescentar que não é o propósito destas poucas páginas restaurar seu lustre ou reviver a visão mais penetrante cujo desaparecimento lamentamos. Nenhum indivíduo pode trazê-la de volta, pois a luz através da qual olhamos para as coisas é, no fim das contas, uma luz produzida por todos nós. Basta dizer, de passagem, que se o Sr. Stevenson tivesse vivido numa época ou num país do retratismo, cada um dos pintores certamente o teriam tomado por modelo. Os cavaletes e os bancos ficariam em polvorosa, o círculo se estreitaria e, rapidamente, cabeças se ergueriam e se abaixariam, da tela para o modelo. Já aconteceu a todos nós de ir a um ateliê, um ateliê de aprendizes, e ver um conjunto espesso de costas curvadas e o modelo ciente de si no centro. Já aconteceu de sermos arrebatados, ou não, pela beleza ou simetria deste personagem, e de termos feito algum comentário que, expressando admiração ou decepção, suscitou num dos atentos trabalhadores a exclamação "caráter – caráter é o que ele tem!". Estas palavras se aplicam ao Sr. Robert Louis Stevenson: na linguagem da arte que depende sobretudo da observação, caráter – caráter é o que ele tem. Ele é, em sua essência, um modelo, no sentido daquele que posa e não, é claro, no sentido de um padrão ou de uma estrela-guia. E se as figuras que habitam a literatura também puderem ser divididas em duas grandes categorias, podemos ajuntar que ele é claramente um modelo coberto; ele jamais, se me permitem a expressão, posaria para um nu. Há escritores que se apresentam diante do crítico com o mínimo de drapeado necessário para a decência, mas o Sr. Stevenson não é um deles; ele aparece exuberantemente vestido. Sua roupa é parte do caráter de que falei há pouco; jamais nos ocorre perguntar como é que ele ficaria sem ela. Antes de tudo, ele é um escritor com estilo – um modelo com toda sorte de vestimentas curiosas e pitorescas. É pelo corte e pela cor deste rico figurino – uso o termo carinhosamente, como faria um pintor – que ele atrai o olhar e convida o pincel.

Isto é, sendo franco, metade do encanto que tem para nós, o fato de que veste uma roupa e a veste com coragem, com certa inclinação do chapéu e o tilintar da espada supérflua; ou, em outras palavras, que seja curioso na expressão e encare a forma literária não simplesmente como um código de sinais, mas como o teclado de um piano e um material plástico. Ele tem o vício que o Sr. Herbert Spencer deplora, uma maneira – a maneira pela maneira, pode-se mesmo às vezes dizer. Ele não poderia ser mais diferente do escritor que entende as palavras como números e uma página como a mera soma delas; mais ainda, para levar adiante nossa imagem, o dicionário é como um guarda-roupa para ele, e uma frase é como um botão para seu casaco. O Sr. William Archer, num artigo tão gracioso e engenhoso que o escritor pode ser acusado de imitar mesmo quando deprecia, fala dele como um devoto da "leveza do toque" a qualquer custo, e diz que "ele não só fica filosoficamente contente, mas deliberadamente espera que seus leitores notem primeiro sua maneira e, apenas em um segundo momento, seu assunto". Não tentarei refutar isso; eu o cito aqui porque expressa minha própria percepção. O Sr. Stevenson se delicia com um estilo, e o seu próprio não tem nada de acidental ou de acanhado, é eminentemente consciente de suas responsabilidades e as cumpre com certa galanteria – como se a língua fosse uma bela mulher e uma pessoa que se propusesse a manipulá-la devesse necessariamente ter algo de Don Juan. Este elemento galante á parte notável de sua natureza, e é bem estranho que, ao mesmo tempo, parte significativa desta natureza seja uma ausência de atenção a coisas femininas. Seus livros são, em sua maioria, livros sem mulheres, e não são as mulheres que se apaixonam por eles. Mas o Sr. Stevenson não precisa, digamos, de uma anágua para inflamá-lo; uma disposição feliz de palavras cumpre a função, ou uma imagem singular, ou o brilho no olhar de um tropo fulgurante, e ele manejará um belo paradoxo sem muita algazarra. O tom das letras está nele – o tom das letras como distinto do tom da filosofia ou daquelas indústrias cujos usos devem ser imediatos. Sem dúvida, muitos leitores acham que ele leva isso longe demais; ficam impacientes ao vislumbrar sua mensagem moral. Podemos ouvi-los perguntar o que é que ele se propõe a deduzir, a provar, a estabelecer, com tal variedade de passadas e de graças.

A coisa mais importante que ele instaura, a meu ver, é que é uma delícia lê-lo, e que ele renova esta delícia com uma variedade constante de experimentos. Mas voltaremos a isso em breve; por ora, vale ressaltar uma característica curiosa das modas atuais, que um escritor cujo esforço é claramente o do artista muito provavelmente se encontrará na defensiva. Uma obra de literatura é uma forma, mas o autor que revela uma consciência das responsabilidades aí envolvidas não raro se dá conta de que é encarado como um personagem insólito. Segundo o juízo usual, ele pode ser artístico, mas não muito; nesta seara, ao que parece, jaz algo pior do que a loucura. Esta superstição bizarra se impôs com tanto sucesso que o simples fato de ser indiferente a este perigo constitui em si algo original. Como são poucos, e como podemos nomear de chofre os escritores de prosa em língua inglesa, hoje, cuja prosa é pessoal, expressiva e se renova a cada tentativa! O estado de coisas que esperaríamos que fosse a regra tornou-se a exceção, uma exceção para a qual, muitas vezes, uma desculpa parece necessária. Um moinho que gira com regularidade e certo tino comercial, eis a imagem sugerida a partir das atitudes de muitos em nossa fraternidade. Eles produzem um artigo pelo qual há demanda, mantêm uma loja especializada e o negócio é tocado de acordo com uma prescrição útil e testada. É justamente por que não tem uma especialidade que o Sr. Stevenson é um caso particular, e por que sua curiosidade é a única receita que segue para trabalhar. Cada um de seus livros é um esforço independente – uma janela que dá para uma vista diferente. *O estranho caso de Dr. Jekyll e Mr. Hyde** não poderia ser mais

---

* Também foi publicado frequentemente sob o título de *O médico e o monstro*.

diferente de *Ilha do tesouro*; *Virginibus Puerisque* não tem nada em comum com *The New Arabian Nights*, e jamais suporia que *A Child's Garden of Verses* fosse do mesmo autor de *O príncipe Otto*.

Ainda que o Sr. Stevenson se importe sobremaneira com sua frase, como todo escritor que respeita a si mesmo e à sua arte deveria, não é preciso ler seus volumes com muita atenção para perceber que isto não é o que mais lhe preocupa, e que, no fim das contas, ele encara a expressão do estilo apenas como um meio. Esta me parece ser a falha do interessante artigo do Sr. Archer, insistir que o autor destes volumes considera a arte da expressão como um fim – um jogo de palavras. Ele acha que o Sr. Stevenson não é sério, que ele negligencia todo um lado da vida, que não tem percepção e consciência do sofrimento; que ele fala como um pagão feliz mas sem coração, vivendo apenas em função de seus sentidos (que o crítico admite serem extremamente refinados) e que, num mundo cheio de pesar, ele não tem consciência suficiente das limitações filosóficas da mera competência técnica. (A propósito, ao esboçar tais aberrações o próprio Sr. Archer só prova que tem a mão pesada.) Ele não é o primeiro leitor, e não será o último, a se irritar com a leveza do Sr. Stevenson. Esta leveza é parte fundamental de seu gênio. Mas, a meu ver, ela deixa de ser irritante, e de fato se torna positivamente tocante, um apelo à simpatia e à ternura, quando percebemos o que está por trás da melodia que imprime um ritmo a seus movimentos na maior parte das vezes. Por mais que se importe com sua frase, ele se importa ainda mais com a vida, e com certa porção transcendentemente adorável dela. Ele sente, nos parece, e isso não é para qualquer um; esta é a filosofia que o Sr. Archer não consegue ler nas entrelinhas – a moral respeitável e desejável que muitos leitores certamente creem que ele negligencia. Ele não sente tudo da mesma forma, em absoluto, mas seus sentimentos são sempre suas razões; ele as considera, sejam como for, suficientemente honoráveis, não as disfarça com outros nomes e cores e encara tudo o que encontra sob a luz brilhante que elas emanam. Como, em sua extrema vivacidade artística, ele realmente parece disposto a tentar de tudo, ele uma vez tentou, para variar, ser inumano, e há certo brilho ríspido em *Príncipe Otto* que parece indicar que neste caso também ele foi bem-sucedido, como já havia sido na maioria de suas tentativas. Mas *O príncipe Otto* é menos parecido com suas outras obras do que elas são entre si.

A porção da vida pela qual ele mais se interessa é a juventude, e a expressão direta do amor juvenil é o princípio e o fim de sua mensagem. Sua apreciação deste período encantador se aproxima da paixão; e uma paixão, em nossa época, nos parece, em geral, filosofia suficiente. O Sr. Archer deveria estar satisfeito, e há escritores mais sérios que o Sr. Stevenson em nome de quem não se pode alegar tais motivações morais. Somado a seu amor quase igual por uma superfície literária, isto representa uma verdadeira originalidade. Esta combinação é a tônica da habilidade do Sr. Stevenson e a explicação de suas perversidades. O sentimento dos anos de adolescência e mesmo de um período anterior (pois o deleite de engatinhar e até do chocalho ganham corpo em *A Child Garden of Verses*) e o amor por reviravoltas felizes – estas, em última análise (e sua noção de uma reviravolta feliz é das mais sutis) são as duas metades de seu caráter. Se *O príncipe Otto* e *Dr. Jekyll* não obnubilassem um pouco minha afirmação, diria que tudo o que ele escreveu é uma apologia direta da meninice, ou melhor (pois é preciso confessar que o tom do Sr. Stevenson raramente é apologético), uma ode à idade das calças curtas. Mesmo os membros da numerosa classe que perdeu o fôlego com *Ilha do tesouro* darão de ombros ante esta profissão de fé do autor. É, contudo, um grande prazer – a maior recompensa à observação – botar as mãos numa ilustração rara, e o Sr. Stevenson é sem dúvida raro. O que o faz assim é a maturidade singular com que expressa os sentimentos juvenis; ele os julga, mede, os vê desde fora, ao mesmo tempo em que os entretém. Ele descreve a credulidade com todos os recursos da experiência, e representa o cru com uma madureza infinita. Em uma palavra, é um artista consumado até a sofisticação, cujo tema constante é o não sofisticado. Muita vez, como em *Raptado*, a arte é tão madura que dá ao tema um ar de generalidade; a execução é tão séria que a ideia (as aventuras romanescas de um menino) se torna uma questão de relações universais. O que ele mais preza no ideal do menino é seu lado imaginativo, a capacidade de faz-de-conta. O frescor geral do qual isto é parte do brilho lhe parece a coisa mais divina da vida; bem mais divina, por exemplo, que a paixão, geralmente tida como a coisa mais terna que há. Fazer de conta tem para ele mais apelo do que fazer amor. O adorável livrinho de rimas, *Child's Garden*, celebra, do princípio ao fim, a faculdade infantil de pintar, personificar e dramatizar, a vida vista a partir do cercadinho do bebê. O volume é uma maravilha pela vivacidade extraordinária com que reproduz estas impressões infantis; uma criança poderia tê-lo escrito se uma criança conseguisse enxergar a infância de fora, pois parece-me que apenas uma criança pode estar assim tão perto do chão do berçário. O que é peculiar ao Sr. Stevenson é que é a sua própria infância que aparentemente lhe encanta, e não a presença real de pequeninos. Não há, por mais estranho que possa parecer, nenhuma evidência de que ele goste de bebês; ele não fala como um pai, um tio ou um educador – ele fala como um contemporâneo absorvido em seu próprio jogo. Este jogo consiste quase sempre em avistar perigos e triunfos; e se a emoção, em sua obra, inescapavelmente se transforma em memória, a memória é uma evocação de palpitações, frisson e suspense. Ele deu ao mundo o romance da meninice, como outros fizeram com a nobreza, a polícia e a profissão de médico.

Isso significa dizer que o que mais desperta sua curiosidade na vida é o heroísmo – a galanteria pessoal, se preciso for com uma maneira, ou uma bandeira – embora ele seja perfeitamente capaz de apreciar essas coisas mesmo quando não são artísticas. As deliciosas façanhas de Jim Hawkins, em *Ilha do tesouro*, são vividas sem afetação; no entanto, "a ação mais nobre é a mais adequada a uma peça de cavalaria", como o autor afirma em seu artigo sobre *The English Admirals* em *Virginibus Puerisque*, um artigo cuja moral é basicamente que "nós aprendemos a esperar um ar de bravura em nossos heróis; e um tal conhecimento da vida que os faça botar os pingos nos próprios is e não nos deixe em suspense a respeito de quando eles querem ser heroicos". O amor por bravas palavras assim como por bravos feitos – que é, essencialmente, o amor do Sr. Stevenson pelo estilo – está registrado neste pequeno artigo com uma engenhosidade encantadora e levemente sofisticada. "Eles serviam suas armas com alegria quando chegava a hora do combate, e estavam sempre prontos para perceber um sentimento audaz e honrado, mais do que qualquer classe de homem que já existiu." O autor continua e diz que a maior parte dos homens destinados à glória também tem nomes grandiloquentes. Alan Breck, em *Raptado*, é um retrato maravilhoso da união de coragem e fanfarronice; o pequeno aventureiro jacobita, uma figura digna do melhor [Walter] Scott, e o mais alto que o talento do Sr. Stevenson já alcançou, revela que um gosto acentuado por trajes espalhafatosos – desbotados e esfarrapados, inclusive, em situações críticas – é perfeitamente compatível com uma grande coragem. Alan Breck é, na essência, um estudo do amor à glória, levado a cabo com extrema verdade psicológica. Quando o amor à glória é de uma ordem inferior, a reputação, mais que a oportunidade, é cultivada; mas quando se trata de uma paixão pura, a oportunidade é cultivada em nome da reputação. A simpatia do Sr. Stevenson pelos aventureiros se estende até ao mais humilde de todos, o saltimbanco, o artista ambulante e até mesmo o caixeiro-viajante, com quem ele diz que é muitas vezes confundido em suas viagens pelo exterior, como vemos na espirituosa apologia aos vagabundos que fecha *An Inland Voyage*. O mágico faminto ou o ginasta cujo *maillot* está folgado tem algo do glamour do herói na medida em que eles também pagam com sua própria pessoa.

"Ser um artista, mesmo que marginal, deixa uma bela impressão no semblante de um homem [...] Eis o tipo de coisa que me reconcilia com a vida: velho embusteiro esfarrapado, beberrão e incompetente, com os modos de um cavalheiro e a vaidade de um artista, para manter o respeito!"

O que reconcilia o Sr. Stevenson com a vida é a noção de que, em primeiro lugar, ela oferece o mais vasto campo de feitos estranhos que conhecemos e, depois, que estes feitos estranhos são os melhores pregos para dependurar um esquete de três linhas ou um paradoxo de três páginas.

Já que não é estranho, mas extremamente comum, casar, ele deprecia este rumo em *Virginibus Puerisque*, um volume de ensaios breves que, é acima de tudo, um inventário de suas opiniões – quer dizer, de modo geral, do que ele gosta e desgosta. Tudo remonta à sua simpatia pelo juvenil, e aquele sentimento em relação à vida que o leva a encarar as mulheres como garotas supérfluas em um jogo de menino. Elas estão quase que totalmente ausentes de suas páginas (a principal exceção é *O príncipe Otto*, ainda que haja uma Clara em *The Rajah's Diamond* e em *The Pavilion on the Links*), pois não gostam de navios, pistolas e lutas; elas sobrecarregam o convés e exigem apartamentos exclusivos; e, pior de tudo, não têm o padrão literário mais elevado. Por que uma pessoa deveria casar, quando ele poderia estar brandindo um alfanje ou procurando um tesouro enterrado? Por que deveria ir para o altar quando poderia estar polindo sua prosa? Uma das curiosas e, a meu ver, fascinantes inconsistências que encontramos na mente do Sr. Stevenson é o fato de que mesmo tendo tanto interesse na vida infantil, ele não se interessa nada pelo lar. Ele o vê com indulgência nos versos de *Garden*, mas, em sua perspectiva, a criança normal é a que se ausenta do círculo familiar, de fato quando pode, e na imaginação quando não pode, disfarçada de bucaneiro. As meninas não fazem isso, e as mulheres não passam de meninas crescidas, a menos que seja uma donzela encantadora, a filha legítima de uma raça imperial, que ele celebra em *An Inland Voyage*.

"Uma menina na escola, na França, começou a descrever o desfile de um de nossos regimentos a seus colegas de classe franceses; ela me disse que, à medida que ela falava, suas lembranças tornaram-se tão vivas, ela se orgulhou tanto de ser compatriota daqueles soldados e tão triste por estar em outro país que sua voz falhou e ela desatou a chorar. Nunca me esqueci daquela menina, e acho que ela quase merece uma estátua. Dizer que ela é uma jovem dama, com toda a afetação associada ao termo, seria um insulto a ela. Ela pode estar certa de uma coisa: mesmo que ela não venha a se casar com um general heroico, mesmo que não tenha nenhum grande sucesso em sua vida, ela não terá vivido em vão por sua terra natal."

O Sr. Stevenson tem dessas. Quando ele descreve o desfile de um regimento britânico (ou algo do gênero), também ele cede à emoção, e é por isto que tomei cuidado ao atravessar a insinuação de que ele é essencialmente um cinzelador da prosa. Se as coisas tivessem sido diferentes (vou me permitir esta alusão à sua situação pessoal, e me aventurarei a mais duas ou três na sequência), ele poderia ter sido um historiador de campanhas famosas – um grande pintor de duelos. Neste caso, no entanto, não conviria sucumbir à emoção.

Embora ele afirme que o casamento é "um campo de batalha, e não uma cama de rosas", ele sublinha repetidamente que se trata de uma renúncia terrível e, de certo modo, incompatível até com a honra – o tipo de honra errante e bramida que mais desperta sua simpatia. Em seguida:

"não há mais prados não trilhados onde você pode demorar-se inocentemente, mas uma estrada longa, reta e poeirenta rumo ao túmulo [...] Você podia achar que tinha consciência e acreditava em Deus, mas o que é consciência para uma esposa? [...] Casar é domesticar o anjo do juízo final. Depois de casado, não resta nada, nem o suicídio, exceto ser bom [...] Como, então, numa tal atmosfera de concessões, manter a honra e se abster de capitular ao vil? [...] Os atributos próprios a cada sexo eternamente surpreendem o outro. Entre as raças latinas e as teutônicas há o mesmo tipo de divergência, que não pode ser resolvida pela disposição mais liberal [...] É melhor encarar o fato e saber que, quando você casa, admite em sua vida uma criatura com iguais fraquezas, porém diversas, cujo coração humano e fraco não bate mais harmoniosamente que o seu."

Se há algo de casmurrice aí, isto é o mais próximo que o Sr. Stevenson jamais chega de ser casmurro, e basta virar a página para que encontremos um corretivo – algo delicadamente cordial, ainda que não muito menos triste:

"O 'pequeno arqueiro cego' que sorri para nós da extremidade dos terraços dos velhos jardins holandeses lança risonho suas flechas sobre uma geração efêmera. No entanto, por mais veloz que ele seja, o jogo se dissolve e desaparece na eternidade debaixo de suas flechas cadentes; um parte pouco antes de ser atingido; o outro apenas tem tempo para um gesto e um grito passional; e é tudo coisa de um instante."

Esta é uma confissão de que, mesmo breve, a grande capitulação sentimental é inevitável. Também há nesta página simpatia (em relação a um assunto totalmente diferente), simpatia, no fim das contas, pela profissão das letras, na declaração de que há:

> "uma única coisa que não podemos fazer com que os filisteus compreendam; uma coisa que embora esteja na superfície, é tão inacessível a seu espírito quanto um voo metafísico pelas alturas – a saber, que a difícil arte da literatura se encarrega das coisas importantes da vida, e a liberdade e a plenitude da relação entre os homens depende de sua proficiência nesta arte".

Todavia, é difícil não acreditar que o ideal no qual o espírito de nosso autor poderia repousar seja a figura do *pater familias*, quando nossos olhos avistam uma observação tão encantadora quanto a que encontramos nestas linhas sobre crianças do admirável artigo *Child's Play*:

> "Não fosse por esta perpétua imitação, ficaríamos tentados a imaginar que eles nos desprezam por completo ou apenas nos consideram criaturas brutalmente fortes e estúpidas, em meio a quem eles consentem em viver na obediência, feito um filósofo em uma corte bárbara".

❦

Conhecemos muito pouco sobre um talento até que saibamos onde ele cresceu, e qualquer apresentação sobre o autor de *Raptado* que não insistisse prontamente que ele é um escocês da Escócia estaria de saída terrivelmente comprometida. A meu ver, dois fatores ajudam muito a explicar sua composição: o primeiro é que sua infância se deu à sombra do castelo de Edimburgo, e o segundo é que ele vem de uma família que instalou grandes faróis no litoral. Seu avô e seu tio foram famosos construtores de faróis, e o nome de sua linhagem está associado, acima de tudo, com a bela e beneficente torre de Skerryvore. Talvez possamos exagerar o modo em que, num jovem imaginativo, o sentido de "história" das coisas se alimentaria das impressões de Edimburgo – mas desconfio que seria difícil exagerar aqui. As ruas são tão prenhes de história e poesia, imagem e canção, associações que brotam de paixões intensas e personagens estranhos que me pego pensando num moleque que vai e vem por ali como, costumava pensar – com admiração e inveja –, os meninos que trabalhavam como figurantes, pajens ou diabretes em cenas pomposas no teatro; o lugar parece o pano de fundo, o complexo "cenário" de um drama, e as crianças, os pequenos e misteriosos serezinhos que escapam do mundo mágico. Imagino quanto não deve ter afetado sua imaginação passar uma e outra vez, no caminho para a escola, sob a rocha do castelo, com a consciência aguda porém familiar da cidadela cinzenta no cume, iluminada pelos tartãs e pelas gaitas de fole dos regimentos das Highlands! A mente do Sr. Stevenson, desde muito cedo, foi povoada com o Highlander concreto, cujo efeito deve ter sido o que hoje chamamos decorativo. Descobri por aí um artigo extravagante de nosso autor no qual há um reflexo destas tardes de folga e, a menos que minha imaginação me traia, de luzes vermelhas, no entardecer invernal, nas altas janelas da cidade velha – uma rapsódia encantadora sobre as folhas de um tostão com as figuras dos teatros de marionete da infância, quase reais, à espera das impacientes porém cuidadosas tesouras. "Se as paisagens fossem postas à venda", diz ele em *Travels with a Donkey*, "como as folhas de personagens da minha infância, um tostão a simples e dois a colorida, eu desembolsaria dois tostões todos os dias de minha vida".

De fato, a cor da Escócia o penetrou totalmente e ainda que ele tenha curiosamente escrito tão pouco sobre seu país natal, suas obras mais felizes revelam, creio eu, que ela é o que ele tem de melhor. *Raptado* (cujo título inadequado aproveito para deplorar de passagem) exala a cada linha a presença da charneca e do lago, e é a mais bela de suas histórias longas; e *Thrawn Janet*, uma obra-prima de treze páginas (publicada depois no volume *The Merry Men*) é, dentre as mais curtas, a mais forte em termos de execução. Esta é uma anedota macabra do sobrenatural, contada em dialeto escocês; e a autenticidade com a qual este meio – para o qual, via de regra, o leitor torce o nariz logo de cara – é manuseado pelo Sr. Stevenson é prova de quão viva é para ele a questão da forma, e quão variadas são as respostas que ele encontra. Jamais nos ocorreria que o estilo de *Travels with a Donkey* ou de *Virginibus Puerisque* e o idioma da paróquia de Balweary pudessem ter sido concebidos pela mesma mente. É boa fortuna para um gênio ter tido um país como a Escócia como matéria prima, e duplamente bom que tenha havido certo processo de distanciamento, de secularização extrema. O Sr. Stevenson se emancipou – podemos dizer que ele é um escocês do mundo. Nenhum outro poderia ter desenhado com a mistura peculiar de observação simpática e irônica o personagem do jovem Lowlander prudente, David Balfour, um bom rapaz, mas exasperante. *A ilha do tesouro*, *The New Arabian Nights*, *O príncipe Otto* e *Doctor Jekyll e Mr. Hyde* não são calcados diretamente na observação, mas esta qualidade reaparece, com muita fineza, quando o tema é escocês.

Fico me perguntando se as páginas de nosso autor contém algo mais que nos fale sobre ele ou se este algo em particular está na mente de um admirador porque calhou de ele ter outras fontes. Um crítico tão preciso quanto o Sr. William Archer pôde ler nas entrelinhas da prosa do Sr. Stevenson a pura leveza e o evangelho de um jovem que se regozija com sua força e seu banho frio matinal. A nota de uma sensibilidade mórbida está tão ausente de suas páginas, elas quase não fazem referência à enfermidade e ao sofrimento, que nos sentimos um pouco enganados quando descobrimos por acaso o atual estado do escritor que se deixa arrebatar pela mais entusiástica alusão à alegria de existir. Permitamo-nos mais uma menção à sua situação pessoal, pois ela só faz com que os volumes atravessados pela corrente da vida fiquem mais interessantes quando sabemos que não são apenas obra de um inválido, mas que foram em grande parte escritas na cama, em "estações de tratamento" sinistras, nos intervalos de crises agudas. Quase nada nelas nos levariam a adivinhar isso; na verdade, quase toda a evidência direta está contida no compasso limitado de *O filão de prata*. No entanto, num caso como este, o indireto é que é o mais eloquente, e não saberia encontrá-lo em outro lugar que não o artigo intitulado *Ordered South* e seu companheiro *Aes Triplex*, em *Virginibus Puerisque*. É impossível ler *Ordered South* atentamente e não se dar conta de que se trata de algo pessoal; suas reflexões são a partir da experiência, e não da imaginação. Os lugares e climas aos quais o inválido é levado para se recuperar ou para morrer são quase sempre belos, mas:

"No fundo de seu coração, precisa confessar que não são belos para ele [...] É como se ele fosse um entusiasta guiando um turista estólido e indiferente. Alguém não consegue ter qualquer simpatia com a cena, não se emociona à altura da ocasião; e este alguém é ele próprio [...] Ele tem a impressão de tocar as coisas com as mãos abafadas e de vê-las através de um véu [...] Muitas cidades brancas situadas ao longe no promontório, muitas graciosas reentrâncias num bosque na encosta da montanha atraem sua imaginação e o fascinam, dia após dia, mas seguem tão inacessíveis a seus pés quanto as fendas e os desfiladeiros das nuvens. A percepção da distância assoma-lhe; e, depois de alguns esforços febris e da inquietação dos primeiros dias, ele cede contente às restrições de sua fraqueza [...] Ele sente que se tiver de ser apartado da paixão da vida e, pouco a pouco, recrutado pela letargia da morte, que, ao menos, quando o fim chegar ele será tranquilo e conveniente [...] Ele rezará por Medeia: quando ela vier, que rejuvenesça ou mate".

O segundo ensaio curto que mencionei tem um gosto de mortalidade somente porque seu propósito é insistir que o único comportamento sadio é deixar a morte e os acidentes que levam a ela de fora de nossos cálculos. A vida "é uma lua de mel conosco, de cabo a rabo, e não das mais longas. Que culpa temos se entregamos todo nosso coração a esta noiva tão radiante?"; quem faz isso "se relaciona com o mundo de forma totalmente diferente, seu coração bate rápido e verdadeiramente, e ganha ímpeto à medida que corre, até que, se estiver indo rumo a qualquer coisa melhor que uma combustão, pode decolar e, no fim, se tornar uma constelação". Nada pode ser mais lamentável que "abdicar das questões da vida para ficar numa sala com a temperatura controlada". O Sr. Stevenson acrescenta, a propósito daqueles que os deuses amam e morrem jovens, que um homem sempre morre cedo demais não importa a idade que tenha quando deixar a vida. O testemunho de *Aes Triplex* sobre as enfermidades do próprio autor é, no fim, muito indireto; consiste basicamente num protesto generalizado não tanto contra o fato da extinção, mas contra sua teoria. O leitor apenas se pergunta por que o herói de *Travels with a Donkey*, o historiador de Alan Breck, haveria de pensar sobre estas coisas. Sua apreciação do lado ativo da vida tem um tom tão pessoal que ficamos surpresos ao descobrir que provém em grande medida de uma íntima convivência com o passivo. Parece extremamente anômalo que o escritor que mais estimou a ideia de uma vida livre seja também o que foi restrito basicamente a persegui-la interiormente, e que as figuras aventureiras mais vívidas, ao menos em nossa literatura de hoje, sejam também as mais vicárias. A verdade, é claro, é que, como *Travels with a Donkey* e *An Inland Voyage* mostram abundantemente, o autor tem um fundo de reminiscências. Ele não passou seus anos de juventude "numa sala com a temperatura controlada". Um leitor que esteja ciente de quanto isto foi verdade em seu destino mais tarde está desculpado se encontrar uma fonte extra de interesse – algo profunda e constantemente tocante – nessa associação de condições peculiarmente restritivas com a visão da euforia e acidentes romanescos de um tipo de carreira honradamente pitoresca. O Sr. Stevenson é, no entanto, apesar de seu ocasional exercício macabro, nitidamente um franco otimista, um observador que não só ama a vida, mas não se furta à responsabilidade de recomendá-la.

Há nele uma inteligência sistemática que dá testemunho disso e que é, no fim, uma dentre as inumeráveis engenhosidades da paciência. O que é notável neste caso é que suas produções sejam uma expressão refinada, uma espécie de evangelho caprichoso do prazer. A única diferença entre *An Inland Voyage* ou *Travels with a Donkey* e *The New Arabian Nights*, *Ilha do tesouro* ou *Raptado* é que, nos últimos livros, o prazer é reflexo – ainda que simule a espontaneidade com singular arte – enquanto nos dois primeiros ele é natural e, por assim dizer, histórico.

Estas pequenas histórias – se não estou enganado, os primeiros volumes que introduziram o Sr. Stevenson aos amantes da boa escrita – transbordam ilustrações encantadoras de sua disposição para olhar o mundo não exatamente como refinado, mas como uma Bohemia glorificada e pacificada. Elas narram a busca de aventura pessoal – ora a bordo de uma canoa no rio Sambre e no Oise, ora no lombo de um burro sobre as colinas e os vales de Cevenas. Lembro-me bem que quando as li, há mais de dez anos, em toda sua novidade, tive a impressão de ver o autor, ainda desconhecido do público, tomar forma diante de mim num estilo. Ele ainda não tinha dado muitos passos na literatura, mas já dominava sua forma – que talvez tivesse, nestes casos, mais consistência que a matéria – e um ar singular de experiência literária. O fato de ele já ter escrito a maravilhosa historieta de *Will of the Mill*, publicada primeiramente em *An Inland Voyage* e agora no volume *The Merry Men*, explica em parte – mas não completamente – o fenômeno; pois há em *Will of the Mill* algo extremamente raro, poético e inesperado, a qualidade mais fascinante que uma obra de imaginação pode ter, uma pitada de mistério em relação ao seu significado, um ar – o próprio ar da vida – de quem ao mesmo tempo convida e desafia à interpretação. Esta composição breve porém perfeita está para a "literatura de revista" corriqueira como uma taça de Johannisberg está para uma jarra de *vin ordinaire* numa *table d'hôtel*.

"Certa noite, ele perguntou ao moleiro aonde ia o rio [...] Ele vai pelas terras baixas, molha os grandes milharais, atravessa uma área de belas cidades (dizem) onde os reis vivem sós em grandes palácios, e uma sentinela anda pra cima e pra baixo diante da porta. Passa por debaixo de pontes com homens de pedra sobre elas, olhando para baixo e sorrindo curiosos para a água, e também a gente apoia os cotovelos sobre o parapeito e olha. E então ele vai mais e mais, desce para os pântanos e para a areia, até que, por fim, desagua no mar, onde estão os navios que trazem papagaios e tabaco das Índias".

Não dá para não abrir os olhos diante de um parágrafo como este, sobretudo se estivermos certos de que há pela frente uma trama ordinária. Will do moinho passa sua vida no vale ao longo do qual o rio corre e, ano após ano, diligências e carruagens, pedestres e até um exército certa vez, "cavalos e infantaria, canhões e carretas, tambores e estandartes" seguem seu caminho, e, apesar do antigo sonho de ver os mistérios do mundo, é apenas quando a morte chega que ele sai de viagem. Ele termina cuidando de uma estalagem, onde conversa com muitos espíritos mais iniciados, e mesmo sendo um homem afável, morre solteiro, depois de romper, com mais sinceridade que se esperaria fosse ele um pouco mais viajado – é claro que ele segue tristemente provinciano até o final –, seu noivado com a filha do pároco. A história é narrada na chave mais alegre e sugestiva, mas o que ela representa em particular? A vantagem da espera, quiçá – a preciosa verdade que atravessamos, uma a uma, nossas impaciências. Há pessoas de muita sagacidade que dizem que, se não respondemos a uma carta, ela acaba por responder a si mesma. Assim, o subtítulo do conto do Sr. Stevenson bem que poderia ser "A beleza da procrastinação". Se você não ceder às suas curiosidades, sua frouxidão se torna enfim um elemento de valor, o que dá quase no mesmo, em última instância. Quando chegou o momento, o pobre Will não tinha nem mais curiosidade para casar, e o autor nos deixa numa estimulante dúvida sobre se ele o julga demasiadamente egoísta ou resignado.

Peguei-me falando do último volume do Sr. Stevenson (no momento em que escrevo), antes de ter falado com mais detalhes sobre seus predecessores, e o fato de que deixei isso passar é prova de que falta espaço para uma enumeração completa. Mencionarei mais duas de suas produções para completar a lista daquelas que fazem referência à sua vida pessoal. *O filão de prata* descreve o episódio de um piquenique, feito por motivos de saúde, no topo de uma montanha na Califórnia; mas este esquete livre, que contém uma centena de toques bem-humorados e tem na figura de Irvine Lovelands um dos retratos mais verdadeiros do Sr. Stevenson, é talvez menos vívido, e certamente menos doído, que as páginas nas quais, há alguns anos, ele rememorou os doze meses que passou na América – a história de uma jornada de Nova York a San Francisco num trem de emigrantes, na sequência de uma viagem através do Atlântico feita nas mesmas severas condições. Ele jamais se expressou tão bem quanto neste relato meio cômico, meio trágico, nem deu um exemplo tão arrebatador de seu talento para reproduzir a sensação causada por situações e encontros estranhos. É lamentável que esta pequena obra-prima não tenha vindo à luz uma segunda vez e que ele não tenha dado ao mundo – imagino que ele tenha chegado bem próximo de fazê-lo – suas observações sobre sua experiência na terceira classe de um transatlântico. Se, como digo, nosso autor tem um gosto pelas impressões da Bohemia, ele é muito consistente em sua busca e não hesita em ir longe. Dado que já cometi uma indiscrição, posso ajuntar que, se o destino quis que ele se convertesse de sua opinião sardônica sobre o matrimônio, isto aconteceu sob uma influência que apelará particularmente à simpatia dos leitores americanos. Ele foi à Califórnia para encontrar sua esposa; e, como fica evidente no título de *The Dynamiter*, a continuação, caracterizada por uma rica extravagância, de *The New Arabian Nights*, a obra tem a mão da Sra. Stevenson – uma mão leve e experiente. *O filão de prata* é a história de uma lua de mel – próspera, eu diria, se deixarmos Irvine Lovelands de lado, com exceção do episódio da morte do cão Chuchu "em sua adolescência, depois de uma vida tão sombria e problemática, constantemente tomada por preocupações, e uma lágrima de um nobre sentimento eternamente nos olhos".

    O Sr. Stevenson tem uma teoria sobre a composição no romance pela qual deve ser congratulado, pois qualquer convicção positiva e genuína do tipo é animadora desde que não seja estreita. O alento do romancista é sua liberdade, e a virtude única da forma que ele lança mão é que ela se presta a incontáveis e diversas abordagens, a qualquer variedade de ilustrações. Não há, certamente, nenhum outro molde com tamanha capacidade. A doutrina do próprio Sr. Zola, tão parca se tomada ao pé da letra, é frutífera na medida em que ele romanescamente se afasta dela na prática. O Sr. Stevenson não precisa se afastar, já que seu gosto individual pelo romanesco vai de par com o princípio de defendê-lo. Felizmente, na Inglaterra de hoje ele não é muito atacado. Os triunfos que podem advir do retrato do estranho, do improvável e do heroico, sobretudo do modo como estas coisas reluzem ao longe nos olhos crédulos dos jovens, são seu incentivo mais forte e constante. Numa ocasião feliz, ao contar a história do doutor Jekyll, ele as retratou da forma como se apresentam a um olhar mais maduro. *Dr. Jekyll* não é um "livro de menino", *Príncipe Otto* tampouco; o último, no entanto, não é, como o primeiro, um experimento com a mistificação – é, creio eu, mais do que tudo, um experimento com o estilo, concebido num dia de verão, quando o autor deu asas a seu apreço pelo Sr. George Meredith. Talvez seja o mais literário de seus trabalhos, mas não é o mais natural. É uma daquelas coqueterias, como podemos chamá-las na falta de uma palavra melhor, que notamos na atividade do Sr. Stevenson – uma espécie de inconsequência artística. É fácil pensar que, se tivesse forças para ser um escritor mais prolixo, ele aplicaria com ainda mais frequência este truque eminentemente literário – o de mudar bruscamente de direção – em quem imaginasse saber tudo sobre ele. Quando discorri sobre *Will of the Mill*, observei que há um tipo de malícia antecipatória no tema desta bela história, como se o autor quisesse com isso dizer a seu leitor "você jamais adivinharia, a julgar pela suavidade com que narro a vida de um homem que jamais se afastou cinco milhas de casa, que estou destinado a conquistar meus maiores sucessos ao lidar com os vagabundos das profundezas". Mesmo aqui, no entanto, a ironia característica do autor estaria em jogo, pois – os raros acasos da vida sendo seu principal foco de atenção – o insólito está tão presente no modo como o inquisidor Will se atém à soleira de sua porta como, digamos, no incidente em que John Silver e seus homens estão arrastando Jim Hawkins para sua miséria sob o som do estranho ulular do Maroon nos bosques silenciosos da Ilha do tesouro.

O romancista que deixa o extraordinário de fora de seus relatos corre o risco de ter de se expor a estranhas confrontações, é o que nos leva a pensar esta época de jornais e de publicidade universal. A próxima reportagem sobre o próximo caso de divórcio – para dar um exemplo – nos oferecerá uma imagem de combinações surpreendentes de circunstâncias e comportamentos, e os anais de qualquer raça energética são ricos em anedotas curiosas e exemplos espantosos. A interessante compilação *Vicissitudes of Families* não passa de um registro superficial de acidentes estranhos; a família – se a tomarmos em bloco – é, de modo geral, um catálogo de espécimes bizarras e situações marcantes, e devemos lembrar que os produtos mais singulares são aqueles que não estão expostos. O Sr. Stevenson deixa uma margem tão ampla para o maravilhoso – ele recai sobre o texto com convicção – que ele escapa do perigo de aparecer onde não deveria. Quando ele se permite o Sr. Hyde ele se permite qualquer coisa; e sentimos, além do mais, que mesmo se não levantasse a bandeira do imaginário tão galantemente e não defendesse que o improvável é o que tem mais caráter, ele ainda insistiria que devemos fazer de conta. Ele diria que devemos fazer de conta que o extraordinário é o melhor da vida, ainda que não seja, e que devemos fazê--lo porque os sentimentos mais nobres – suspense, ousadia, decisão, paixão, curiosidade, galanteria, eloquência e amizade – estão em jogo aí, e é de extrema importância que a tradição destas coisas preciosas não pereça. Em suma, ele preferiria, em qualquer dia, Alexandre Dumas a Honoré de Balzac; e tenho a impressão de que ele prefere o autor dos *Três mosqueteiros* a qualquer outro romancista exceto o Sr. George Meredith. Suspeito até que seu ideal de uma bela obra de ficção seria as aventuras de Monte Cristo narradas pelo autor de *Richard Feverel*. Há alguma magnanimidade em sua estima por Alexandre Dumas, dado que em *Raptado*, ele deu a uma fábula digna daquele autor uma fineza de textura com a qual Dumas nunca teve nada a ver. Ele faz com que digamos: deixe que a tradição viva, pois é encantadora! Mas ao mesmo tempo é ele que nos faz perceber mais uma vez que uma tradição se mantém viva apenas quando ajuntamos algo à ela. Neste caso em particular – em *Dr. Jekyll* e *Raptado* – o Sr. Stevenson ajuntou a psicologia.

The New Arabian Nights nos oferece, como o título indica, o maravilhoso em sua forma mais franca e atrativa. Em parte extravagante, em parte muito especioso, o livro é resultado de uma ideia muito feliz, a de localizar uma série de aventuras que são puras aventuras no cenário da vida inglesa contemporânea, relatando-as no tom placidamente engenhoso de Scherazade. Este artifício é levado à perfeição em *The Dynamiter*, no qual a maneira é investida de uma serenidade exaltada conforme os incidentes ficam mais "excessivos". *O clube do suicídio* é o maior sucesso do Sr. Stevenson nesta linha, e as duas primeiras páginas, para mencionar apenas estas, estão gravadas na memória. Por razões que sei que sou incapaz de apresentar como suficientes, vejo algo inesquecivelmente impressionante – algo realmente perturbador – no incidente do príncipe Florizel e do coronel Geraldine, que, certa noite de março, são "levados por uma forte saraivada a entrar num Oyster Bar na vizinhança imediata de Leicester Square", e lá têm a chance de observar a entrada de um jovem seguido de uma dupla de comissários, cada um deles carregando um grande prato com tortas de creme debaixo de um tampo – um jovem que "pressionava cada um a aceitar estes confeitos com uma cortesia exagerada". Não há aqui nenhuma tentativa de criar uma imagem, mas a imaginação forma uma do interior iluminado, a neve londrina do lado de fora, a companhia que adivinhamos por causa do local, e a estranha polidez do jovem, que leva a circunstâncias ainda mais estranhas. É isto que chamo de colocar alguém no clima de uma história. Mas o lance mais genial do Sr. Stevenson neste quesito é o episódio de abertura de *Ilha do tesouro* – a chegada do velho marujo trigueiro, com uma cicatriz de sabre, no "Admiral Benbow", e o advento, não muito depois, do marinheiro cego com uma viseira verde tapando os olhos, que vinha martelando estrada abaixo sua bengala atrás dele. *Ilha do tesouro* é um "livro de menino" no sentido em que dá corpo à percepção que um menino tem do extraordinário; mas é único, e calculado para fascinar a mente cansada da experiência, pois o que vemos nele não é apenas a fábula ideal, mas, como parte integrante da obra, o jovem leitor ele mesmo e seu estado de espírito: parece que o lemos por cima de seus ombros, com o braço em torno de seu pescoço. É tudo tão perfeito como um jogo de menino bem jogado e nada se compara a ele em termos de espírito e técnica, no humor e na sensação de estar ao ar livre, com os quais as coisas se mantêm sempre num ponto crítico. Não é apenas um registro de acasos bizarros, mas um estudo dos sentimentos juvenis; há um lado moral nele, e as figuras não são marionetes de rostos vagos. Se Jim Hawkins ilustra a ousadia exitosa, ele o faz com uma candura deliciosa e otimista, e uma tendência ao erro consciente e modesta. Sua sorte é tremenda, mas não faz dele um orgulhoso; seus modos são refrescantemente provincianos e humanos. Acontece o mesmo, em maior grau até, com o admirável John Silver, um dos vilões mais pitorescos e, em todos os sentidos, apresentado com mais gênio em toda a literatura romanesca. Ele tem uma face singularmente distinta e expressiva, que, é claro, descobrimos ser uma máscara horripilante. Nunca uma máscara foi pintada com tanta sabedoria e tanta vida. *Ilha do tesouro*, sem dúvida, se converterá – se é que já não é, e assim permanecerá – um clássico a seu modo, graças a esta mistura indescritível do prodigioso e do humano, de coincidências surpreendentes e sentimentos familiares. A linguagem que o Sr. Stevenson elegeu para contar sua história é um veículo admirável para estes sentimentos; com suas bravuras e bizarrices plenas de humor, seus ecos de velhas baladas e contos, faz ressoar todo tipo de acorde simpático.

Dr. Jekyll e Mr. Hyde é uma obra altamente filosófica ou apenas a mais engenhosa e irresponsável das ficções? Ela tem a marca de uma produção verdadeiramente imaginativa, que podemos interpretar de diversas maneiras, mas creio que pode ser considerada a mais séria das histórias do autor. Ela trata da relação entre as partes mais baixas e as mais nobres do ser humano – da capacidade de fazer o mal que existe até nas naturezas mais generosas, e expressa estas coisas numa fábula que é uma invenção maravilhosamente bem-feita. O tema é infinitamente interessante e rico em todas as formas de provocação, e o Sr. Stevenson deve ser congratulado por ter tocado o cerne da questão. Talvez eu seja injusto com ele, mas não é a profundidade da ideia que me chama mais a atenção aqui e sim a arte de apresentá-la – a forma extremamente perfeita. Há uma preocupação genuína com a perpétua questão moral, uma abordagem original da dificuldade de ser bom e da brutalidade de ser mal, mas o que há acima de tudo é uma aptidão singular de prender o interesse. Confesso que, para mim, isto é o mais edificante nesta história curta, breve e concentrada, que é realmente uma obra-prima de concisão. Como já observei, há algo quase impertinente na forma como o Sr. Stevenson consegue seus melhores efeitos sem a ajuda das damas, e *Dr. Jekyll* é um exemplo seminal de sua independência desalmada. Geralmente se supõe que uma impressão verdadeiramente cruciante não se consegue sem elas, mas no drama sobre a influência fatal do Sr. Hyde elas permanecem à sombra. É óbvio – e não estou sendo cínico – que elas devem ter tido um papel crucial em seu desenvolvimento. Mas, sem dúvida, o tom macabro da história se acentua por sua ausência; é como a luz do fim da tarde de um domingo de inverno enevoado, quando até os objetos inanimados tem um aspecto malévolo. Recordo-me de poucas situações nas ficções de mistério que façam isso da mesma forma que o episódio no qual o Sr. Utterson vai à casa do Dr. Jekyll para confabular com o mordomo enquanto o médico está trancado em seu laboratório e o velho empregado, cuja sagacidade já havia decifrado a questão do aparador e da dispensa, confessa que daquela vez estava deveras perplexo. A forma como os dois homens discutem à porta do laboratório a identidade do misterioso personagem do lado de dentro, que já havia se revelado em duas ou três olhadelas inumanas a Poole, tem aquele toque com o qual se faz arrepios irresistíveis. A teoria do mordomo é de que seu mestre fora assassinado, e o assassino estava no recinto, fazendo-se passar por ele com certo diabolismo atabalhoado. "Bem, quando aquela coisa mascarada, feito um macaco, saltou do meio dos químicos e se lançou no gabinete, senti um frio na espinha." É assim que o leitor se sente por quase toda a história. Digo quase toda e não toda pois o gelo derrete na sequência, e eu tenho dificuldade de aceitar o negócio dos pós, que me parece demasiadamente explícito e explicativo. Os pós são o mecanismo da transformação, e muitos leitores provavelmente pensaram que este processo incomum seria mais plausível (na medida em que podemos falar do plausível num caso como este), se o autor tivesse sido menos preciso.

Deixei o melhor livro do Sr. Stevenson para o fim, porque também é o último que veio a público, até agora – os contos de *The Merry Men* já haviam sido publicados. Mas percebo que ao longo do caminho acabei antecipando alguns dos comentários que pretendia fazer a seu respeito. O principal é que há passagens que são tão boas que sugerem que o talento do autor encontrou uma veia nova, por mais variados que tenham sido os impulsos aos quais sucumbira até aqui e por mais graves que sejam os impedimentos dentre os quais ele está condenado a ser exercido. Seria uma espécie de humildade perversa ele sustentar a ficção de que uma obra tão literária quanto *Raptado* se dirija às mentes imaturas; e ainda que tenha vindo à luz originalmente em um "periódico para meninos", a história aproveita todas as chances que têm para satisfazer os mais críticos. Ela tem dois pontos fracos, que vou apenas mencionar. O tio cruel e avarento, nos primeiros capítulos, é apresentado no tom de uma tradição obsoleta, e os truques que ele aplica em seu sobrinho ingênuo são um pouco feito os dos ilusionistas de província; nestas páginas, parece que o Sr. Stevenson está preocupado demais com que "um periódico para meninos" deve ser. E a história também acaba sem terminar, por assim dizer; mas creio que este acidente fala por si. Muito frequentemente, o Sr. Stevenson precisa largar a pena por motivos que não têm nada a ver com a falta de inspiração, e a última página das aventuras de David Balfour é um apelo honrável à indulgência. Os cinco sextos restantes do livro merecem estar ao lado de *Henry Esmond* enquanto uma autobiografia ficcional em estilo arcaico. A percepção que o autor tem do idioma inglês do último século, e mais ainda do escocês, lhe permitiu oferecer uma companhia galante ao *tour de force* de Thackeray. A vida, o humor e a cor das partes centrais de *Raptado* têm uma virtude pictórica singular; podemos ler estas passagens como uma série de notas de rodapé inspiradas a uma página de história. O encanto do episódio mais romanesco do mundo – se bem que seria difícil explicar por que ele é o mais romanesco, já que está tão entremesclado de estupidez – paira por todo o livro, e a triste esperança dos Stuart revive para nós sem que nos saciemos jamais. Não poderia haver um exemplo melhor do talento do autor para ver o real no maravilhoso e reduzir o extravagante a detalhes plausíveis do que a descrição da defesa de Alan Breck na cabine do navio e os magníficos capítulos de "A fuga na urze". O Sr. Stevenson tem, em alto grau (sem dúvida por uma boa razão), o que podemos chamar de imaginação dos estados físicos, e isto fez com que ele chegasse a uma descrição maravilhosamente precisa das misérias de seu arfante herói das Lowlands, arrastando-se por dias e noites sobre colinas e vales, pântano e matagal, sem comida, bebida ou descanso, no encalço de um Highlander homérico. No entanto, a grande superioridade do livro está, a meu ver, no fato de que ele constrói dois personagens de forma admiravelmente íntegra. Prestei minha homenagem a Alan Breck, e só posso repetir: ele é uma obra-prima. É interessante notar que, ainda que o homem seja extravagante, o autor não exagera em nada; é, do princípio ao fim, do tipo mais verdadeiro, amável e irônico, cheio de penetração, mas sem um quê da vulgaridade da sátira moralizante. O personagem é um estudo genuíno, e nada é mais encantador do que o modo como o Sr. Stevenson vê através dele e o admira ao mesmo tempo. Será que eu posso dizer que ele vê através de David Balfour? Quiçá isso seria subestimar a densidade do meio. Em todo caso, é magnífico o modo como o jovem desafortunado porém circunspecto expressa aquelas qualidades do caráter escocês que se combinam para provocar nosso respeito e nossa reprovação. Uma cena como a do episódio da briga dos dois homens na montanha é realmente um toque de gênio, e tem a lógica e o ritmo da vida – uma briga que nos parece inevitável, apesar de ser sobre nada, ou quase nada, que brota de nervos exasperados e o simples choque de temperamentos. Creio que a visão do autor sobre ela tem uma profundidade maior que *Dr. Jekyll*. Conheço poucos exemplos melhores de como um gênio tem sempre uma surpresa no bolso – um ás na manga, como se diz. Neste caso, ele nos ganha porque nos faz pensar que uma passagem como esta sobre a qual falo é na verdade a prova cabal do que o romance pode fazer de melhor, e que nenhuma outra forma pode fazer tão bem. Diante de um sucesso como este, nos damos conta de seu enorme valor. Ele é capaz de uma rara transparência – pode ilustrar os sentimentos humanos em situações tão delicadas e complicadas que qualquer outro veículo seria desajeitado. Para aqueles que amam a arte que o Sr. Stevenson pratica ele parecerá, ao apontar para esta moral eventual, não apenas ter conseguido um triunfo pessoal, mas ter feito uma promessa deliciosa.

AS CARTAS DE ROBERT
LOUIS STEVENSON

*Henry James**

Foi a feliz fortuna de Robert Louis Stevenson ter criado, mais que qualquer homem em seu ofício nos dias de hoje, um corpo de leitores inspirados por sentimentos que geralmente dedicamos apenas àqueles por quem nossa afeição é pessoal. Não houve quem não tenha conhecido o homem, podemos afirmar com segurança, que não fosse também devoto do escritor; obedecendo neste caso a uma lei geral – se é que é uma lei – que mostra muitas exceções: mas, o que é natural e de modo algum inconveniente, é longe de ser verdade que todos os devotos do escritor pudessem se aproximar do homem. Acontece que o homem, de alguma maneira, se aproximava *deles*, e lê-lo – certamente lê-lo com toda a consciência de seu encanto – veio a significar, para muitos, quase o mesmo que

---

* Este artigo foi publicado originalmente em janeiro de 1900 na *North American Review* como uma resenha da correspondência de Stevenson editada por Sidney Colvin em 1899 *Letter to His Family and Friends*. Em 1914, foi republicado em *Notes on Novelists*, volume que reuniu textos de crítica literária de James escritos em duas décadas.

"conhecê-lo". É como se ele se revelasse completamente na escrita, emergisse na superfície de sua prosa, e, mais ainda, de seus versos mais felizes, de modo que estas coisas emanavam, além de tudo o mais, sua imagem e sua voz, revelavam sua vida e suas maneiras, seus casos e seus maiores segredos. Em suma, nós chegamos a possuí-lo todo; e o exemplo se torna mais curioso na medida em que ele não praticou a "confissão" nem cultivou boa parte daquelas formas através das quais o *ego* brilha. Seus grandes sucessos foram histórias imaginárias de pessoas bem diferentes dele mesmo, e seu objetivo, como passamos a chamá-lo, era o ideal pelo qual ele se sacrificou muita vez.

O efeito disto tudo, no entanto, foi tamanho que sua correspondência parece ter apenas administrado, deliciosamente, mais um empurrãozinho em uma porta já entreaberta, por onde entramos com uma ausência extraordinária do sentimento de intrusão. Parece que estamos de fato vivendo com ele; mas o que é isso senão o que já fazíamos antes? Na correspondência, é claro, o *ego* brilha magnificamente – que é o melhor que pode acontecer numa correspondência. Mas as *Vaillima Letters*, publicadas pelo Sr. Sidney Colvin em 1895, já haviam mostrado isso e apaziguado nossa reserva.

> "Outro dia me ocorreu subitamente que este diário que lhe enviei daria uma boa seleção depois de minha morte, e um homem poderia fazer algum tipo de livro a partir dele, sem muita dificuldade. Portanto, pelo amor de Deus, não o perca."

Estando nestes termos com nosso autor, e tendo a sensação de que fora sempre assim, tomamos liberdades que parecem não ser outra coisa senão a consagração da intimidade. Nós não apenas não temos nenhuma sensação de intrusão, mas estamos tão prontos a penetrar mais e mais que, quando nos deparamos com limites, temos a impressão de que a história foi mutilada e de que a cópia não estava completa. É aqui, precisamente, que procuramos o segredo de nosso elo. É claro que era pessoal, pois como é que operava, em qualquer conexão, senão fazendo-nos viver com ele? Nós vivemos com ele em *Ilha do tesouro*, em *Raptado* e em *Catriona* da mesma forma que fazemos agora, com os volumes póstumos, nos mares do Sul e em Vailima; e nossa atual confiança é resultado de um sentimento de continuidade particularmente encantador. Não é que seus romances fossem "subjetivos", mas sua vida foi romanesca, na mesma medida em que sua concepção e a prática deste elemento nos move e nos emociona. Se queremos saber sempre mais, é porque estamos sempre, em todos os lugares, no meio de uma história.

A este prolongamento cativante da história, os dois volumes das cartas publicadas agora pelo Sr. Sidney Colvin contribuem lindamente. A estante de nossa prateleira que contém os melhores escritores epistolares está consideravelmente abastecida, mas não superlotada, e sua glória não é tão grande a ponto de impedir que Stevenson encontre um lugar ali entre os primeiros da lista. Ele não figurará entre os escritores – aqueles a quem concedemos, neste campo, prioridade – a quem só acontecem coisas menores, e que nos fascinam por extrair o máximo delas; ele pertence à classe dos que têm ao mesmo tempo forma e conteúdo, que a vida carrega rapidamente à sua frente, e que comunica e sinaliza do caminho. Ele viveu no ritmo mais acelerado, e a última coisa que poderia lhe acontecer seria ele se achar, um dia, sem nada para contar.

Inevitavelmente, não estamos aqui de posse de tudo o que ele jamais disse – um fato que, como sugeri acima, nos afeta perversamente como um lapso indesculpável na história; mas ele jamais deixa a desejar naquilo que mais amamos em cartas, a expressão exata do momento e dos sentimentos, do que é realmente bom, ruim ou medíocre, do que se passa em sua mente, em seu coração, em sua casa. O Sr. Colvin fez uma admirável introdução – uma caracterização de seu amigo fundada de tal forma no conhecimento e no discernimento, a um só tempo, que temos a impressão de que sua essência está toda aí. Ele elucidou cada grupo, cada período com notas que não deixam nada de fora; e não sei o que mais posso fazer para agradecê-lo, a não ser insinuar que esperamos por outro volume – que, embora tome ainda mais liberdades em relação à história do autor, aceitaremos, repito, com a mesma falta de escrúpulo. Nada vem à tona com tanta frequência hoje como a questão do direito à privacidade; de nossa garantia, ou falta de garantia, para advogar, com a ajuda de editores e outros retalheiros, certas aparências de distinção; e o nó central à questão é mesmo muito difícil de desatar; mas me parece que publicações como esta do Sr. Colvin tem muito a dizer sobre esta questão.

Não há privacidade absoluta – a menos, é claro, quando o falecido desejou ou trabalhou arduamente para construí-la; e as coisas mais sagradas frequentemente não são outra coisa que as coisas superiores. Podemos sustentar que as pessoas – os artistas, quiçá, em particular – são aconselhadas a esconder seus rastros, e, no entanto, nós termos cometido, ou não, uma indiscrição em algum caso particular é coisa miúda se comparada ao fato de que realmente encontramos algo. Registros pessoais como os que temos diante de nós podem, de qualquer forma, obviamente, ser o oposto de um obstáculo para um inquisidor inoportuno. São um exemplo feliz demais – levam realmente a revelações. Stevenson jamais acobertou seus traços, e eles provaram ser talvez o que mais nos conecta a ele. Nós o acompanhamos aqui, ano após ano, em cada etapa, com o mesmo encanto com que ele nos fez acompanhar um de seus heróis sendo caçado na urze. A vida, o destino e uma catástrofe precoce estavam sempre em seu encalço, e quando ele finalmente cai em combate e afunda no próprio ato de coragem, o "final feliz", como ele se refere a isso para alguns de seus correspondentes, está, ainda que precipitado e de forma não convencional, certamente presente.

Sua família e sua origem contribuem para formar este quadro que, parece-me, não poderia – já que falamos de "finais" – ter tido um começo melhor se ele próprio o tivesse pré-arranjado. Sem que ele o tivesse pré-arranjado, foi algo que, na verdade, jamais poderia ter lhe escapado, uma das inumeráveis coisas, escocesas e outras, que ajudaram a formar sua consciência romanesca. Edimburgo, em primeiro lugar, a "cidade romântica", foi tão "sua" quanto de seu grande precursor que, em *Weir of Hermiston* e também em outras obras, tanto lhe influenciou; isso apesar de uma ausência contínua – em virtude de uma referência constante e imaginária e de uma posse intelectual. Ele não poderia sonhar com um cenário melhor que o proporcionado pela profissão de sua família – encarregada dos faróis da costa norte; melhor ainda que ficar sozinho na casa de seu pai – ainda mais porque o pai, admiravelmente evocado pelo filho e, a seu modo, também muito característico, era antiquado e vigoroso, e o filho, um futuro gênio, delicado, se não era (para retomar a encantadora anedota de uma senhora de Edimburgo narrada num destes volumes), exatamente o que você chamaria de uma *beldade*, era "pálido, penetrante e interessante".* O poeta nele teve de ser, desde o princípio, atenuado – temporariamente, quero dizer, e apenas para a sobrevivência, como sói acontecer com poetas; de modo que, com fricções e tensões em jogo, com a relação filial classicamente complicada, as rupturas com a tradição e as recaídas da fé, com excursões incansáveis e retornos sombrios, o amor à vida no geral misturado, em seu coração, a toda sorte de piedade e paixão locais e o artista injustificado fermentando, por cima de tudo, no engenheiro recusante, ele foi iniciado como pôde no caráter que viria a consolidar.

Tudo isso, obviamente, é o tipo de coisa que a história, em sua forma mais aceita, teria basicamente de apresentar como as raízes de uma inteligência levemente estranha – reconciliada lindamente, a tempo, ao esquema de sempre, e coroada, depois de um ou outro flerte divertido, com um jovem amor conjugal e a responsabilidade cívica. A história real, infelizmente, haveria de transcender a convencional, pois calhou de ser o caso de um herói de fôlego maior que o normal e bem-vestido demais para seu papel. Tudo estava perfeito para a disciplina de Alan Fairford,** mas o jovem *era*, no final das contas, uma fênix. Assim que passou a se justificar por suas errâncias – como nos deliciosos *Inland Voyage* e *Travels with a Donkey* – como poderia não fazê-lo com extrema felicidade? O que é fascinante nele é a mistura, e o encanto extraordinário de suas cartas é que elas sempre mostram isso. São as proporções, mais ainda, que são tão admiráveis – a quantidade de cada coisa que ele junta a cada outra, e ao conjunto. Uma vida livre seria a realização de seu sonho, se uma grande parte dele não fosse o

---

* Cf. carta 56.
** Personagem de *Redgauntlet*.

amor às letras, à expressão e à forma, que é apenas outro nome para uma vida de serviço. Pela mesma lógica, a última palavra sobre ele poderia ser que ele escreveu supremamente, se ele não parecesse ainda mais bem caracterizado pelo fato de ter vivido supremamente.

Eternamente e requintadamente divertido como era, suas ambiguidades e incoerências, ainda que pudessem eventualmente depreciá-lo, rendiam uma "diversão" sem fim até para ele; e ninguém melhor do que ele sabia a quantas adversidades interconectadas entre si ele estava selado ou, invertendo um pouco, quantos problemas tinha de administrar a um só tempo. Foi preciso que ele mesmo nos falasse – com tanto encanto – quão absurdo e, se conveniente, quão obscuro era que um vagabundo incurável como ele pudesse ser também, ao mesmo tempo, um escrevinhador incurável e um inválido incurável, e que um homem se descobrisse uma anomalia tal qual é um velejador com água até o pescoço assombrado pelo "estilo" ou um boêmio descarado assombrado pelo dever ou ainda uma vítima da fome pessoal e do instinto de aventura e, ao mesmo tempo, do pensamento crítico, construtivo e sedentário sobre ela. Ele lançava mão de tudo, em todas as direções – sobretudo da aventura, quer a percebamos em seu belo fluxo nos textos ou na vista, não menos bela, do grande cume da montanha nos mares do Pacífico para onde, depois de sua morte, ele foi transportado pelos ilhéus e chefes. O destino, como se para distingui-lo o máximo possível de todos, parecia sempre presenteá-lo com atos ou situações que não tinham nada a seu favor a não ser sua dificuldade desmesurada. Se a dificuldade não era, nestes casos, *toda* a beleza para ele, pelo menos jamais o impediu que ele encontrasse aí – ou que nós encontrássemos, de qualquer forma, como observadores

– toda a beleza que pode resultar de um grande desafio aceito em nome de uma ideia ou simplesmente por prazer. O prazer dos riscos – quanto mais pessoal, melhor – nunca esteve distante dele, não mais do que a exaltação das ideias. O passo mais importante de sua vida foi um exemplo notável disto, como podemos adivinhar à luz de *The Amateur Emigrant* e *Across the Plains*, o relato das condições em que viajou da Inglaterra à Califórnia para se casar. Aqui, como sempre, a tônica dominante é a mistura heroica – o que ele *viu*, moralmente e imaginativamente; ação e representação a qualquer custo, e o custo era imenso em função da falta de saúde e de dinheiro, pela doença e ansiedade mais extremas, e pela sensibilidade e percepção mais generosas. Ele veio ao mundo para ser um lutador, mas com o corpo de, digamos, um "compositor", embora, é preciso ajuntar, também teve a sorte de ter uma bela sanidade.

É sem dúvida depois que ele se estabelece em Samoa que suas cartas têm mais a dizer, mas há coisas que elas rechaçam desde o princípio que já fazem soar uma nota acima de tudo característica, e revelam sua imaginação sempre confrontando, com humor ou filosofia, as circunstâncias. A dificuldade de escrever à luz da impressão pessoal sugere quão diretamente ele ser o gênio que era seguia contando. Em 1879, ele escreve de Monterey ao Sr. Edmund Gosse e se refere a certos sintomas graves de sua enfermidade:

> "Posso estar enganado mas... creio que devo partir. Mas a morte não é um mau amigo; umas poucas dores e arquejos, e acabou; feito uma criança gazeteira, começo a me sentir cansado e tímido nesta cidade grande e agitada, e poderia apelar à minha babá, mesmo que ela tivesse de me bater antes de me colocar na cama."

Esta renúncia tocante se dá na mesma hora em que seu talento estava ficando mais requintado; ele tinha tamanho interesse pela ideia da juventude e do jogo que passou a ver tudo o que lhe acontecia em imagens e figuras, quase nos termos dos jogos da infância.

"Você virá me ver novamente em breve? Sempre retorno, e agora mais rápido do que nunca, do reino de Hades. Olhei nos olhos deste senhor, e o temo menos a cada visita. Apenas temo um pouco a Charon e sua rude embarcação."

Este medo permaneceu com ele, às vezes mais, às vezes menos, nos primeiros anos após seu casamento, os que ele passou no exterior ou na Inglaterra, em estações de tratamento, e é a marca constante de um dos polos de seu humor – o outro andava sempre ocupado com a falta de paciência em relação à timidez e à precaução e com a visão e a invenção de situações ao ar livre. Foi na possibilidade de uma vida ao ar livre que, no fim, ele apostou todas as suas fichas – o que ele justificava com destemor.

"Ninguém além de mim conheceu toda a minha amargura daqueles dias. Lembre-se disso, da próxima vez que você achar que eu me arrependo de meu exílio... Lembre-se da besta pálida que vivia em Skerryvore como um caruncho num biscoito."

Ele encontrou, depois de uma busca maravilhosa e aventureira, a ilha do tesouro, o paraíso climático que convinha às suas possibilidades, que as intensificava; e esta descoberta levou a seu período mais pleno e rico, um período em que

– como atesta sua correspondência fantástica e espontânea – seu gênio e seu caráter mais abundam. Em sua apropriação de Samoa, ele faz como se fosse um herói de seus romances, só que as complicações e bravuras desta vez eram reais e palpáveis. "Não tenho mais esperança em nada" – e isto no meio de uma produção magnífica – "que num sapo morto; eu me lanço às coisas com um desespero sereno, e não me importo com nada – da mesma forma com que sempre me lanço ao mar com a convicção de que vou me afogar, e gosto disso mais que de qualquer outra coisa". Ele podia se lançar ao mar quando quisesse, e não precisava se poupar dos momentos que uma destas páginas evoca – aqueles do prazer da composição ficcional em meio a um temporal via de regra frustrante, com o choque dos elementos e a compreensão de seu tema, que teria de sacrificar necessariamente, pareceria, a seu aferro à cadeira e ao tinteiro.

> "Se ao menos pudesse me assegurar de uma morte violenta, que maravilha seria! Gostaria de morrer em minhas botas; chega da terra dos cobertores* para mim. Me afogar, ser baleado, jogado de um cavalo – ser enforcado, qualquer coisa a passar novamente por aquela lenta dissolução."

Ele fala, em uma das *Vaillima Letters*, publicadas pelo Sr. Colvin em 1895 – retornar prontamente a elas é um dos objetivos deste volume –, de uma de suas ficções como "um conto longo e difícil com algumas imagens dos modos de hoje no vasto mundo – não o mundo mesquinho e falso das cidades,

---

* Land of Counterpane no original. Há um poema de Stevenson com este título publicado em *A Child's Garden of Verses*.

dos clubes e das universidades, mas um mundo em que os homens ainda vivem uma vida de homem". Isto está claro, e na mesma carta ele sumariza o que, em sua fase final, o satisfazia, um resumo que é significativo e cheio de vivacidade. Seu correspondente, como era inevitável vez ou outra para seus amigos que ficaram, parece ter resvalado em uma daquelas inofensivas cobranças morais – em relação aos perigos a que ele *poderia* se expor – com as quais todos éramos mais ou menos tentados a aliviar nossa triste consciência de que ele poderia passar tranquilamente sem nós, e de que nossa mansidão coletiva estava longe (o que era de fato o caso) de ser parte constituinte de seu elemento. Não há vida romanesca sem que algo de que gostamos seja indiscriminadamente sacrificado, e de *nós*, em nossa inofensiva categoria, a varredura estava praticamente limpa.

"Sua carta tinha o 'não lhe falei?' mais incrível que jamais ouvi em toda minha vida. Ora, ó insensato, eu não trocaria minha presente instalação por qualquer posto, distinção, honraria ou vantagem imagináveis. Aqui tenho tudo o que é preciso; me divirto demais. E quanto a guerras e rumores de guerra, você me conhece o suficiente para saber eu prefiro mil vezes isso a qualquer paz decrépita em Middlesex. Não gosto muito de política. Sou demasiadamente aristocrático, temo, para isso. Deus sabe que não dou a mínima para quem são minhas companhias; talvez eu prefira os marinheiros; sair por aí, implorar, me rebaixar para manter uma multidão junta – jamais."

Suas categorias lhe eram suficientes; ele havia se apropriado do "mundo em que os homens ainda vivem uma vida de homem" – que não era, como acabamos de ver, aquele das "cidades, dos clubes e das universidades". Ele estava extremamente adaptado, em suma, no final – à custa, é certo, de simplificações de pontos de vista que, intelectualmente, ele falhou (era uma de suas pouca limitações) em mesurar; mas de certa forma isto aumentou sua rara capacidade de crescimento, e colocou em relevo sua afinidade com o romantismo universal. Não que as coisas pudessem ser suaves para ele, mas, aos quarenta, ele foi capaz de transformar sua vida num conto de fadas de conseguir, num clima que ele descreve em algum lugar como sendo "um paraíso expurgado", uma consciência física tão feliz como ele jamais havia conhecido. Isto ampliou, em todos os sentidos, sua carreira, abrindo ainda mais a porta à verdadeira dança das cadeiras do jogo de oposições pelo qual nós temos, criticamente, o interesse de vê-lo agitado. Se me permitem, vou repetir que estes novos volumes, que datam de sua expatriação definitiva, nos remetem constantemente, em busca de detalhes, às *Vailima Letters*; e o efeito é o de nos fazer agradecer nossa fortuna – para não dizer da sua – de ele ter tido durante aqueles anos um correspondente e um confidente capaz de fazê-lo falar. Se ele tinha no Sr. Colvin seu *chargé d'affaires* literário em casa, o amigo ideal e *alter ego* em quem podia confiar irrestritamente, isto só prova, mais uma vez – e casos como este são raros –, o quanto era de sua natureza despertar nas pessoas a vontade de fazer algo por ele. Com o Sr. Colvin ele é mais familiar do que com qualquer outro, mais espirituoso, natural e, frequentemente, mais inimitável – só posso dar uma ideia mais exata disso tudo com citações abundantes. Mas a própria citação fica comprometida, pois não há um elemento para nos guiar a não ser seu perpétuo espírito, sua perpétua perspicácia e graça, a mistura de fantasia e sabedoria. Estas coisas fazem com que ele salte de um pértigo a outro e zunzune, por vezes, entre sujeitos e objetos à sua volta, como uma abelha polinizada entre as flores.

Ele não pode ser mais encantador do que quando é egoísta, conscientemente fascinado com algo que ele mesmo fez. "Os artigos são, alguns deles, bons à beça, sem dúvida. Concordo com você, as luzes estão um pouco apagadas."

Quando sabemos que os artigos a que ele se refere são os reunidos em *Across the Plains*, nós só podemos concordar com a impressão que causam depois de um período conturbado, e invejar o autor que pôde ver, numa longínqua ilha no Pacífico, *The Lantern-Bearers*, *A Letter to a Young Gentleman* e *Pulvis et Umbra* lhe ocorrerem como uma garantia de sua faculdade e encadernados num livro que realmente sobreviverá. A sabedoria masculina de Stevenson, sua sanidade final digna de nota – e isto não era o que menos contava em suas calorosas relações – estão sempre a um passo da comédia e da gíria.

"E por mais apagadas que as luzes estejam, a coisa é verdadeira, e creio, a mais efetiva; afinal de contas, o que quero combater é melhor combatido com uma apresentação menos alegre da verdade. Algum dia, o mundo se voltará novamente à palavra 'dever', e se livrar de uma vez por todas da palavra 'recompensa'. Não há recompensas, mas muitos deveres. E quanto antes um homem se dá conta disso e age de acordo, tal qual um cavalheiro ou um velho bárbaro requintado, melhor para ele."

Talvez seja difícil citar um parágrafo que nos dê tanto dele em sua inteireza. Mas há muito dele nisto também:

"Como é que os jornalistas produzem tanta baboseira?... Levei dois meses para escrever 45.500 palavras; ao diabo com meu maldito gênio, estou orgulhoso de minha proeza!... Um respeitável volume de cinco xelins, para resplandecer não-lido nas vitrines das lojas. Depois disto vou dar um tapa na ficção. Descansar? Vou descansar quando estiver na cova, ou quando for à Itália. Se ao menos o público continuasse a me dar apoio! Perdi minha chance ao não morrer; não há muito medo disto agora. Trabalhei por cinco horas esta manhã; ontem, por nove; e, ao menos que eu me esgote nesta carta, tenho mais uma hora e meia, ou *aiblins twa*,* antes do jantar. Pobre homem, como você deve me invejar quando falo dessas orgias de trabalho, e você mal pode com uma carta. Mas por Deus! Colvin, sorte que as situações não são reversíveis, pois não tenho uma situação, nem posso ter. A vida é uma encosta. Bem, agora a Knappe,** e chega de mexerico!"

Se ele falava copiosamente – e uma conversa perfeita –, se ele adorava falar, acima de tudo, de seu trabalho do momento, era porque, embora fosse perpetuamente frágil, ele jamais fora inerte, e fazia as coisas, quando fazia, com paixão. Ele não fora feito para lidar com situações, dizia, mas uma situação tomou-o inexoravelmente em Vailima e, sem dúvida, acabou de fato por engoli-lo. Sua posição, com algumas diferenças, comparando, em certos sentidos, coisas menores a coisas maiores, e com menos diferenças, no fim, do que semelhanças, lembra a

---

* Expressão em escocês que significa "talvez duas".
** Alemão envolvido na querela entre a Inglaterra, a Alemanha e os Estados Unido em relação a Samoa. A posição de Stevenson sobre Knappe pode ser lida no ensaio "Affairs of Laulii and Fangalii", em *A Footnote to History*.

de Scott em Abbotsford, pois sensatos, sensíveis e fortes, apesar do imenso dom da visão poética e dramática, ambos os homens tinham algo de uma natureza comum. A vida se tornou maior, para cada um deles, do que seus esforços para responder a ela poderiam dar conta, e eles não se separaram na morte. A emancipação final de Stevenson foi, no fim, um conto de fadas apenas por que ele era, a seu modo, um mágico. Ele gostava de tocar em muitos pontos e não recuava de nenhum; nada pode superar a impressão que temos das coisas com que, naqueles anos, ele lidou, dia após dia, à medida que surgiam, e das coisas que, da mesma forma, quase sem ordem ou descanso, ele planejava e criava, com as quais ele se envolvia, falava a respeito e depois descartava, ou então se envolvia, falava a respeito e levava às últimas consequências. Tivesse eu espaço para me permitir uma seleção das cartas, não há nada que eu gostaria mais de ver do que um registro de suas "opiniões literárias" e de seus projetos literários, um apanhado disperso de suas ideias, simpatias e antipatias, *obiter dica*, como artista – suas comoções e fantasias, imaginações, evocações e paixões efêmeras como contador de histórias possíveis. Eis aqui todo um campo de discussão – mas um campo com o qual nos engajamos sob risco de sermos engolfados.

Seu excesso em tais questões é, enquanto isso, divertido o suficiente como espírito e esporte – ainda que fosse interessante captar, como podemos, em momentos diferentes, a congruência entre a forma como ele percebe uma fábula em seu germe e como a trabalha depois. Há muitas passagens que jogam luz de maneira surpreendente no que chamaria de seu método geral consciente, se não estivesse mais tentado a chamá-lo de – pois me parece que é disso que se trata – falta de método consciente. Uma carta inteira (para o Sr. Colvin, de 1º de fevereiro de 1892), deliciosa, é um exemplo claro. (Esta carta, preciso dizer, é independentemente notável pela bizarrice de suas alusões a um escândalo – entre todas as coisas – suscitado no seio de um editorial por *The Beach of Falesá*, o que o leva ao comentário absolutamente pertinente: "é um mundo mau e envenenado para o escritor romanesco, este mundo anglo-saxão; geralmente, me safo por não ter absolutamente nenhuma mulher em cena". Então ele se lembra que *The Treasure of Franchard* fora recusado por ser inapropriado para uma revista familiar e sente – como é natural – "o desespero pesar em seus punhos". O desespero o assombra e retorna em outra ocasião. "Mais cinco capítulos de *David*... São todas histórias de amor, e me parecem muito boas. Vai funcionar para um jovem? Não sei; desde *The Beach*, não sei de nada a não ser que os homens são tolos e hipócritas, e sei menos sobre eles do que podia imaginar.") Parte de sua fisionomia é o jogo particularmente saliente das sombras dos seus sentimentos, o modo como seu humor é ativado por sua melancolia e suas bravas conclusões por suas tristes dúvidas.

Ele comunica a seu confidente com o ardor de um menino de férias que confabula sobre uma charada de Natal; mas não me lembro de nenhuma circunstância em que ele expresse um assunto, por assim dizer, *como* um assunto – sugerindo aquilo que os romancistas conhecem sobretudo como a sua parte determinante, a ideia da qual ele brota. A forma, o envelope, está lá com ele, antes de tudo, *como* a ideia; títulos, nomes, quer dizer, capítulos, sequências, ordens, enquanto ainda nos perguntamos como é que, em primeiro lugar, ele mesmo se deu conta sobre o que é que sua história iria tratar. Ele apenas *sentia*, é evidente, e é a única sonoridade muda, a única coisa inarticulada em toda sua franqueza contagiante. Na carta a que me refiro, ele levanta um dos problemas do maravilhoso projeto de *Sophia Scarlet*, "exatamente um Balzac, e quisera eu ter sua mão – pois já tenho um método melhor, o cinético, enquanto ele continuamente se permite levar pelo estático". Aqui o temos – Stevenson, não Balzac – em sua plena exuberância; e, no fim, capaz de reconhecer que seu "método melhor" não serviria de nada para o modo como Balzac encara um tema, ou melhor, *o* tema, a vida em sua totalidade. O método de Balzac era adaptado à sua noção de exposição – que podemos aceitar, creio eu, sob a proteção do que ele expõe. Se não corrêssemos o risco de embarcar, repito, num navio grande demais sujeito a naufragar, poderia dizer ainda que Stevenson, em outro lugar, foi – estava geralmente disposto a ser – demasiadamente apressado ao julgar este mestre. Há uma passagem interessante na qual ele o acusa de não saber o que cortar, uma passagem que tem sua verdade, desde que a leiamos tendo em mente a que classe de proezas *Le Colonel Chabert*, por exemplo, *Le Curé de Tours*, *L'Interdiction*, *La Messe de L'Athée* (para citar apenas algumas obras-primas) pertencem.

Estas são, comparativamente, questões menores; a impressão que o leitor das últimas cartas tem é simplesmente a de uma beleza singular – de um talento mais profundo, uma expressão mais rica e feliz e, acima de tudo, de uma espécie de galanteria irônica e desesperada, ateando um fogo cada vez mais belo num ar estranho e alheio e mais comovedor para nós à medida que a consumação da fumaça é certa.

Ele havia assumido dívidas altas, conduzido um navio cheio até a borda, de modo que a tensão sob a qual vivia e trabalhava era imensa, mas mesmo a gravidade disso é ensolarada, informal, divertida, familiar; há tão pouca efusividade em suas pontadas de melancolia quanto há de puritanismo em seus momentos moralistas. Sua sabedoria em relação às questões artísticas tinha, vez ou outra, creio, seus lapsos, mas com as questões da vida ele sempre foi expedito e inspirado. Ele tem uma perfeição neste terreno, perfeição generosa e fácil, nascida da experiência humana, que é um luxo. Não há remorso nem real impaciência, pois ele tinha conseguido, num grau raro, o que queria, a vida absolutamente "descockneyficada", uma situação tão romanticamente "fanfarrona" como se sua imaginação tivesse se tornado realidade; mas suas ansiedades práticas ficavam cada vez mais refinadas, e é apenas sua produção imaginária que devia correr ao seu alcance. Tudo se sustentava, a situação, *naquele* belo fio dourado, cujo balanço ao vento, quando ele gira alternadamente entre a dúvida e a exaltação, nós assistimos com o mesmo suspense e a mesma compaixão que reservamos ao drama mais sério. Ele é sério ao extremo; embora o imperativo de produzir no caso de uma faculdade tão bela e delicada nos pareça quase como o estiramento de um nervo ou a distensão de um músculo.

"Às vezes me sento e rogo por algo como uma renda que simplesmente viria – toda a minha tem de ser conquistada com a mente imortal do homem. O que eu quero é a renda que venha independentemente de qualquer coisa, e tudo o que temos de fazer é florescer, existir e sentar em poltronas... Eu provavelmente me entreteria com trabalhos que fariam seu cabelo arrepiar, se ainda lhe restasse algum."

Reler alguns de seus textos mais felizes, renovar nossa percepção do temperamento extraordinariamente fino de sua imaginação é dizer para si mesmo "que cavalo para ter de montar toda semana até o mercado!". Nós todos temos de ir ao mercado, mas os mais afortunados dentre nós são, com certeza, aqueles que podem ir com menos frequência, por uma estrada menos dura, montando um animal mais domesticado. Ele toca, em mais de uma ocasião – e com beleza notável e autoridade verdadeira naquela mina de felicidades, a *Letter to a Young Gentleman* – na consciência da "frugalidade" como o maior ponto de honra do artista; de modo que uma de suas complicações aqui foi o fato de que, neste quesito, sua posição havia se tornado inevitavelmente um pouco falsa. O romantismo literário não é, de jeito nenhum, necessariamente custoso; mas as várias formas pelas quais uma vida de prática e atividade precisa ser paga, este afastamento da frugalidade parece ser a pior delas. E ele reconhece isto da mesma forma que reconhecia tudo o mais – se não na mesma hora, em algum momento; aceitando a inconsistência, como ele sempre fez, com a alegria de um homem de coragem – isto é, sendo inteligente sem ser intransigente com sua lógica e contabilidade mais do que era com qualquer outra coisa. Tudo o levava a continuar; e já era demais apenas continuar; mas quando ele lança *The Ebb-Tide* e galga *Catriona* e depois, uma vez mais, *Weir of Hermiston*, como se ele pudesse galgar praticamente qualquer coisa, nós respiramos enfim, e esperamos ansiosos. A última destas cartas contém tantas coisas admiráveis, testemunha de tal forma o alcance de sua inteligência e, em suma, vibra de tal forma com gênio e encanto que ele nos parece às vezes não apenas não estar exausto, mas renovado e capaz, talvez, apesar de tudo o que sabemos que nos leva a pensar o contrário, de novos experimentos e notas ainda mais profundas. Sua inteligência é tão grande que ele não deixa escapar nada; nem um fio do "pensamento em voga" que, soprado para ele a partir do outro lado do globo, ele não pode agarrar e brincar; ele põe tanta alma na natureza e tanto significado humano, cômico ou trágico, em tudo o que o cerca, por menor e pior que seja, que ele realmente vive em sociedade vivendo a partir de suas próprias percepções e generosidades ou, como se diz hoje em dia, sua própria atmosfera. Nesta atmosfera – que parece ter tido o dom de aumentar conforme o número de pessoas que a respiravam crescia também –, estas páginas nos fazem ver quase cada um dos objetos de sua ilha tropical banhado e renovado.

Em todo caso, longe de minguar pela falta de Londres, ele pode transmitir a Londres, ou sua vizinhança, comunicações que não saberíamos bem onde procurar. Uma carta a seu primo, o Sr. R.A.M. Stevenson, de setembro de 1894, toca de tal forma em todas as questões, adorna-as, como ele diria, transbordando sua verve extravagante, que está longe de parecer que Vailima é um lugar fora do mundo, ao contrário, temos a impressão de que o mundo se mudou temporariamente para Vailima. Há mundo suficiente em qualquer parte, ele nos mostra inconscientemente, para que o indivíduo, o verdadeiro, seja o que chamamos um homem do mundo. Ele tem, como qualquer um que não esteja acomodado à confortável porta dos fundos da estupidez, de construir seu relato depois de ver e encarar mais coisas, ver e encarar tudo, com a inquietação das novas impressões e ideias e a perda da agradável autocomplacência da juventude.

"Conforme a vida passa, eu me torno, a cada dia, um pouco mais como uma criança desconcertada; não consigo me acostumar a este mundo, à procriação, à hereditariedade, a ver e ouvir; as coisas mais ordinárias são um fardo. A face decorosa, obliterada, polida da vida e seus fundamentos grosseiros, obscenos e orgiásticos – bacantes – formam um espetáculo com o qual nenhum hábito pode me reconciliar; e 'quisera eu que meus dias fossem ligados uns ao outros' a partir do mesmo espanto. Eles *são*, de qualquer forma, quer queira, quer não... Lembro muito bem de sua atitude em relação à vida, a esta superfície convencional da vida. Você não tem nem um pingo da curiosidade pelo teatro social, pelas *ficelles* triviais do negócio; é simiesco, mas é assim que a natureza humana é cooptada."

A carta toda é encantadora.

"Sem dúvida, há algo de grandioso no quase-sucesso que coroou a tentativa de transformar numa religião emocional, uma Conduta Chata, sem nenhum apelo, ou quase nenhum, aos fatos constitutivos da vida, figurativos e misteriosos. Não que conduta não seja constitutiva, mas, meu querido, como é enfadonha! No geral, lida-se melhor com a conduta na fórmula do 'cavalheiro' de ferro e do dever, com menos fervor e poesia quanto for possível; estoica e breve."

A última carta, todos terão notado, traz, em uma daquelas tiradas autorreferenciais tão características que são em parte troça e em parte verdade, e toda uma imagem, uma premonição digna de nota. É endereçada ao Sr. Edmund Gosse:

"Tudo bem falar de renúncia, é claro que alguém tem de fazer isto. Mas, de minha parte, me dá uma baita dor de dentes! Eu realmente gosto de ser iludido e de sonhar, mas não sei o que fazer com a observação ou a meditação. Não nasci para envelhecer... Não tenho filhos, sou um jovem mais para amargo, lúcido, que perdeu o frescor. Não sei o caminho que faz da descida da colina algo fácil e natural. Estou indo de uma vez. E onde tenho de descer é um precipício... Você jamais escreverá outra dedicatória que dê tanto prazer ao extinto Tusitala."

Dois dias depois ele encontrou seu fim da forma mais feliz, um trovão dos deuses, direto e rápido. Como seus leitores sabem, ele se foi tendo em mãos uma obra admirável e inacabada, apenas um quarto dela estava escrito, uma composição em relação à qual suas esperanças eram as mais altas, e presumo que justamente, já que isso não era sempre o caso. Nada é mais interessante do que a rica forma com a qual, em *Weir of Hermiston* e *Catriona*, o escocês imaginativo se afirma novamente depois de intervalos e lapsos, distrações e desvios superficialmente extremos. Há, decerto, poucos saltos para trás, nesta ordem de coisas, mais felizes e *à pieds joints*, ou de um tipo mais interessante para um crítico. A visão imaginativa é ávida e delicada na medida em que a visão de fato é contida; de modo que só podemos suspirar em vão pelo que esta chama purificada poderia ter feito no metal. E quantas coisas este caso pode sugerir para o crítico – quantas reflexões possíveis se reúnem em torno dele e quantas podem ser iluminadas por ele! *Weir of Hermiston* era, de fato, "uma história romanesca", parece-nos, conforme a vemos crescer em convicção e naturalidade à medida que o acesso a ela, através de todos os espaços, se torna mais artificial. É um caso *literário*, com intensidade e, dada a natureza do talento, apenas mais belo em consequência disso: ele borda com seda e prata, desafiando o clima e a natureza e quase tudo, e com uma agulha tão antiga que não se pode comprar em lugar algum, muito menos naquelas latitudes, no intervalo da política internacional e insular e de cinquenta cuidados e complicações materiais. Seu estoque especial de associações, seu estilo mais pessoal e seus truques mais inimitáveis lhe retornam como tantos passarinhos perdidos voam de volta ao ninho, cada qual com a vibração, em seu bico, de um pedaço de documento ou de uma lenda, um fragmento de uma imagem ou de uma história para ser retocada, envernizada, reenquadrada.

Ele faz estas coisas, ademais, com um gosto pelo qual, no fim, seu tratamento literário das ilhas e da vida na ilha sempre esperou em vão. Curiosamente, seus anos nos trópicos e sua convivência com os nativos jamais tiraram dele aquela visão "imagética" que poderíamos esperar de antemão. Para a Escócia ausente e extinta, ele *tem* a imagem – nos limites (bastante estreitos, podemos pensar) que sua poética admite; mas sua lei para estas coisas, assim como para muitas outras, era divertidamente e conscientemente perversa. O Pacífico, onde ele se deliciava materialmente, o fez "descritivamente" sério e até mesmo seco; com seu próprio país, por outro lado, materialmente impossível, ele estava pronto para brincar infinitamente. Ele nos remete mais uma vez aqui para nossa percepção de sua mistura. Só havia uma coisa na Terra de que ele gostava tanto quanto de literatura – a total ausência dela; ao presente, ao imediato, seja lá o que fosse, ele sempre fez esta última oferta. Samoa não era suscetível a um "estilo" – nenhum, em todo caso, com o qual ele pudesse ter qualquer afinidade – exceto a demonstração de sua prontidão para a vida; e isto deixou o campo livre para a Fronteira, para a Grande Estrada do Norte e para o século 18. Eu estive relendo *Catriona* e *Weir* com o mais puro prazer com o qual podemos acompanhar um homem de gênio – vê-lo abundar em seu próprio elemento.

Em *Weir*, especialmente, como um pianista que improvisa, ele superabunda e se deleita, e seu próprio talento, por uma pincelada feliz, parece como nunca justificá-lo de forma completa e brilhante; parece ter se tornado, em certa medida, um novo talento, com novos acordes e possibilidades. É o "velho jogo", mas o velho jogo que ele entende perfeitamente. A figura de Hermiston é trabalho criativo da ordem mais elevada, e o das duas Kirsties, sobretudo a mais velha, não fica atrás; e nós sofremos pela perda de algo capaz de toques tão felizes como a breve alegria da garota enamorada que se encontra na falsidade – seu taciturno irmão mais velho havia lhe dito que, assim que tivesse um amante, ela começaria a mentir ("Conhecerei finalmente a alegria agora?", pensa ela num êxtase secreto); ou uma passagem tão prenhe de imaginação como a que o jovem enamorado se recorda dela como ele a viu e desejou da primeira vez, sentada ao crepúsculo numa velha tumba no páramo, e inconscientemente fazendo-o pensar, por causa dos trechinhos de sua canção, em sua mãe, que ele perdeu e que cantava para ele, e

> "em seus ancestrais comuns, agora mortos, suas guerras primitivas, as armas enterradas com eles, e nestas estranhas crianças de fadas, seus descendentes, que se demoravam um pouco em seus lugares e, em breve, também terão partido, e quiçá serão cantados por outros na hora do crepúsculo. Por uma das artes inconscientes da ternura, as duas mulheres estavam gravadas juntas em sua memória. Lágrimas, naquele momento de emoção, lhe vinham aos olhos indiferentemente quando pensava em cada uma; e a garota, meramente resplandecente e formosa a princípio, passou para o rol de coisas sérias como a vida, a morte e

sua falecida mãe. Assim, de todas as formas e em ambos os lados, o destino jogou seu jogo ardilosamente com este pobre par de crianças. As gerações estavam preparadas, os tormentos prontos quando a cortina levantou para o drama sombrio."

Não é um tributo que Stevenson teria apreciado, mas não posso deixar de notar quanto esta página lembra muitas outras, da maneira mais terna, de Pierre Loti. Mal podemos distingui-los. Como, nos perguntamos em face de *Weir*, ele poderia continuar?, enquanto a razão pela qual ele não continuou pode ser lida retrospectivamente em seu texto como uma espécie de adivinhação bela e irrefletida nele, da qual ele não precisava. Ele é único entre os fragmentos de prosa, com a graça e a santidade particular da mutilação de um naco de mármore de outra grande obra de arte. Isto e outras coisas dentre suas melhores ele simplesmente abandonou; mas estas coisas, por encantadoras que, ao reler muitas delas por ocasião desta correspondência, elas sejam, não são todo o seu charme, nem metade. Os melhores ensaios de *Across the Plains*, *Memories and Portraits* e *Virginibus Puerisque*, robustos de substância e supremamente finos no discurso, têm, ao mesmo tempo, uma nobreza e uma familiaridade que as colocam, em termos de perfeição, acima de suas ficções, e isto também funciona como um lembrete para uma geração vulgarizada do que, mesmo debaixo de seu nariz, a prosa inglesa pode ser. Mas associou-se a seu nome, para nosso espanto e reflexão, que ele é outra coisa que não o autor desta ou daquela preciosidade em particular, ou de todas elas. Foi sua fortuna (talvez a melhor que possa ocorrer a um homem de letras – ou não) que ele tenha tido que consentir em se tornar, por meio de um processo não puramente místico e não inteiramente impossível de reconstituir – como dizê-lo? – uma Figura. Não há por quê rastrear este processo agora, dado que a personalidade já atuou e a encarnação é total. Lá está ele – ele se tornou irreversivelmente uma lenda feliz. Um caso de figura como este é dos mais raros, e a honra certamente é das maiores. Podemos contá-los em nossa literatura, às vezes com as obras, às vezes sem elas. A obra foi frequentemente grande e a figura, no entanto, *nil*. Johnson é um exemplo, e Goldsmith e Byron; e os dois primeiros, além do mais, em nenhum grau, como Stevenson, em virtude do elemento da graça. Que elemento é este que decide as coisas até para Byron? Parece duvidoso; e a lista, de toda forma, diminui conforme nos aproximamos de nossos dias, e acaba. Stevenson a tem no presente – não podemos dizê-lo? – quase que para si só, e não é um dos manuscritos em que ele menos viverá.

Impressão e Acabamento:
GRÁFICA STAMPPA LTDA.